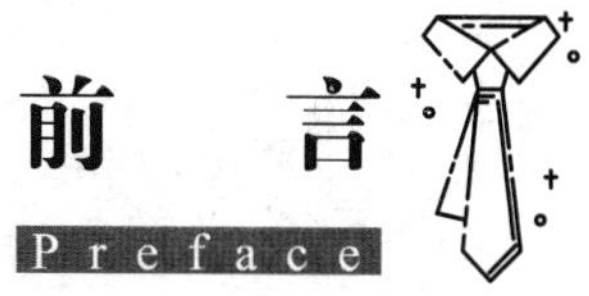

前　言
Preface

礼仪是人类社会发展的产物，是一个国家、民族的社会风貌、道德水准以及文明程度的重要标志，也是衡量一个人思想觉悟、道德修养以及文化素质的重要标志。随着社会交往的日益扩大，真诚、得体、富有魅力的交往礼仪已成为扩大交流、增进友谊、加强合作、促进发展的重要手段。

即将走上工作岗位的学生，应该注重培养自律、宽容、谦让、诚实的品格和庄重大方、热情友好的文明举止，自觉掌握人际交往中的礼仪规范，加强自身礼仪修养，为今后的工作和生活奠定良好的基础。

本教材以文明礼仪养成为重点内容，从形象礼仪、社交礼仪、生活礼仪、校园礼仪、职场礼仪等方面介绍青少年在生活、学习和未来工作中需要了解和掌握的礼仪知识，着眼于全面提高青少年礼仪修养水平，鼓励学生践行礼仪规范。

本教材编写有以下几个特点：一是内容精炼，没有面面俱到地对所有礼仪知识进行介绍，而是根据学生的特点和所处环境，提炼最基础、最实用的观念和知识进行介绍；二是实用性强，引用了大量案例和具体操作范例，学生即学即用，对现实生活具有指导作用；三是可读性强，语言简明生动，插图形象活泼，设有名言集锦、案例、小知识、课堂活动、课外拓展等多种栏目，旨在引导学生通过思考、讨论和实践，一步一个脚印地完善自我。

本教材在已出版的《礼仪修养读本（第二版）》基础上改版，适合作为全国技工院校公共课教材使用，也可供学生家长、教育工作者及拟自学礼仪知识的读者使用和参考。

本教材配有电子课件，可登录技工教育网（http://jg.class.com.cn），在对应书目下下载。

本教材由邓建君任主编，韩美任副主编，高桂桂、周欣辰、孔晓芸参加编写，孔丽娇绘制插图，张浩摄影，姚睿、张超楠、顾金铭示范动作。

本教材在编写过程中得到了江苏省常州技师学院徐天翼、丁渊杰、申文萱等同学的大力协助，在此表示衷心感谢。

恳切希望广大读者对本教材提出宝贵意见和建议，以便修订、完善。

编者

2023年8月

全国技工院校公共课教材

礼仪与修养

主编◎邓建君

中国劳动社会保障出版社

图书在版编目（CIP）数据

礼仪与修养/邓建君主编．--北京：中国劳动社会保障出版社，2023
全国技工院校公共课教材
ISBN 978－7－5167－5905－9

Ⅰ．①礼…　Ⅱ．①邓…　Ⅲ．①礼仪－技工学校－教材　Ⅳ．①K891．26

中国国家版本馆 CIP 数据核字（2023）第 117641 号

中国劳动社会保障出版社出版发行

（北京市惠新东街 1 号　邮政编码：100029）

*

涿州市星河印刷有限公司印刷装订　　新华书店经销

787 毫米×1092 毫米　16 开本　9．5 印张　193 千字
2023 年 9 月第 1 版　　2026 年 1 月第 6 次印刷

定价：19．00 元

营销中心电话：400－606－6496
出版社网址：http://www.class.com.cn
http://jg.class.com.cn

目　录

Contents

第一课　彬彬有礼　美美与共

名言集锦

★ 道之以德，齐之以礼，有耻且格。——《论语·为政篇》

★ 夫礼，天之经也，地之义也，民之行也。——《左传·昭公》

★ 礼义廉耻不立，人君无以自守也。——《管子·立政》

★ 人有礼则安，无礼则危。故曰：礼者不可不学也。——《礼记·曲礼上》

★ 德礼为政教之本。——《唐律疏议·名例律》

在如花的年龄，同学们走进技工院校，迎来了人生中一段美好时期，这是同学们学习知识、掌握一技之长的关键时期，更是为踏入社会做准备的重要时期。

进入社会，就意味着同学们完成了从学生到社会人的身份转变，要以独立、成熟的个体身份同社会上各种各样的人接触、打交道。有些人无论走到哪里总是受人欢迎，人们乐意与他交往，有些人的表现则让人不大愿意和他打交道。一个受大家欢迎的人，在适当的场合会做出恰当的表现。知书达理、以礼待人有利于塑造良好的个人形象，也可帮助同学们建立良好、和谐的人际关系。彬彬有礼是人际交往中的润滑剂。

相信每个同学都希望自己能成为一个受社会欢迎的人，那么，就让我们从了解什么是礼仪开始，学习和用好礼仪吧！

一、什么是礼仪

礼仪——礼节和仪式。礼仪是指在较大、较隆重的场合，为表示对宾客的尊敬和友好，根据某些惯例而举行的礼宾仪式，后来又引申为在社会生活中，受历史时期、风俗习惯、宗教文化等影响形成的并被大家共同认可和遵守的道德准则、行为规范、礼节仪式等。

荀子说："人无礼则不生，事无礼则不成，国家无礼则不宁。"礼仪是人们在社会人际交往中沟通思想、交流感情、建立和谐人际关系、获得尊重的方式和手段，是公民素质、人类文明的重要组成部分和重要标志，是世界各民族宝贵的文化积累和精神财富，是一个人乃至一个民族、一个国家文化修养和道德修养的外在表现形式。

二、礼仪的作用

中华民族五千年历史孕育了璀璨的礼仪文化。国家要发展，民族素质要提高，礼仪起了很重要的作用。2019 年 10 月 27 日，中共中央、国务院印发的《新时代公民道德建设实施纲要》强调，要提高全民的礼仪素养，"充分发挥礼仪礼节的教化作用。礼仪礼节是道德素养的体现，也是道德实践的载体。"近年来，在中华人民共和国国家勋章和国家荣誉称号颁授仪式中，在国家科学技术奖励大会上，以及中国人民志愿军烈士遗骸回国迎接仪式中，人们可以看到前所未有的礼仪规格和格外隆重的仪式。这既是崇高礼赞又是庄严宣示，号召人们敬仰、学习榜样和英雄，不断提升人民群众的文化素质，推动全社会形成适应新时代发展要求的思想观念、精神面貌、文明风尚、行为规范。

（一）礼仪是一种行为准则

礼仪是人类道德的一种规范，代表着社会道德观念。它作为一种社会行为标准和规范，通过评价、劝阻、示范等教育形式纠正人们不正确的行为习惯，倡导人们按礼仪规范的要求去协调人与人之间的关系，维护社会的正常秩序。

（二）礼仪是人际交往的润滑剂

在不同的场合与不同的对象交往，需要不同的礼仪形式。良好人际关系的建立是以礼仪为基础的，更是用礼仪来维系的。人们在交往过程中，需要处理方方面面的关系，要协调好人际关系，其中很重要的一点就是运用礼仪形式缩短人们之间的情感距离，缓解或避免不必要的人际冲突，消除人际交往中的隔阂，建立友好合作关系。

（三）礼仪是树立和维护良好形象的重要手段

从个人角度看，礼仪不仅可以有效地展现一个人的修养，还体现出一个人对社会的认知水平。“不学礼，无以立”已成为人们的共识。礼仪是一件“华服”，把它庄重得体地“穿”在身上，可以为我们的个人魅力加分，帮助我们怡情养性、悦人悦己。

从团队的角度看，礼仪可以塑造团队形象，提升美誉度，是企业精神的外化形式。一个具有良好形象的企业，更容易获得社会各方的信任与支持。

从国家的角度看，礼仪是树立国家良好形象的重要手段，一个尊重国际礼仪、尊重他国的国家，更能得到他国的信任和世界的肯定，有助于树立本国良好的国际形象，从而加强国际传播能力建设，获得更广阔的发展空间。

案例

××雄心勃勃地开始经营他的第一家旅馆，当他的资产从几万元奇迹般地增值到几千万元的时候，他欣喜而自豪地把这一成绩告诉了母亲。母亲却淡然地说：“依我看，你跟以前根本没有什么两样……你必须把握比钱更有价值的东西。除了对顾客诚实之外，还要想办法使曾经入住旅馆的客人成为回头客，你要想出一种简单、容易而行之久远的办法……”××百思不得其解。于是他逛商店、住旅馆，以顾客的身份找到了答案——微笑服务。从此，××要求每个员工不论多么辛苦，都要对顾客投以微笑，即使在旅馆业务受到经济萧条的严重影响的时候，他也经常提醒员工记住，“万万不可把心里的愁云摆在脸上，无论旅馆本身遇到的困难如何，旅馆服务员脸上的微笑永远是属于顾客的阳光”。

点评：

微笑服务迅速拉近了旅馆与顾客的距离，赢得了顾客的信任和公众的赞誉。该旅馆创始人曾说：“单有一流设备，没有一流服务，我宁愿弃之而去，住进虽然地毯陈旧，却处处见到微笑的旅馆。”正因为如此，他对员工的礼仪要求非常高，也因此使每一位顾客都有了宾至如归的感觉。

讨论：

和同学分享你在就餐、购物、拨打客服电话时享受到的优质服务，谈谈你当时的感受。

（四）遵守礼仪规范有利于促进青少年身心的健康发展

青少年成长的过程，从本质上讲是社会化的过程。社会化是指个体由自然人成长、发展为社会人的过程。在社会化进程中，个体自身的心理能力得到发展，人格及行为方式逐渐健全。从个体视角看，社会化是指个体与其他社会成员互动，成为合格的社会成员的过程。获得礼仪知识并付诸实践是一个人在社会化过程中不可缺少的重要内容。任何一个社会人，都自觉或不自觉地受到礼仪的约束。自觉接受社会礼仪约束的人，被人们认为是成熟的人。随着年龄的增长、心智的成熟，青少年面对的社会规范越来越多，自觉遵守礼仪规范是个人融入社会的重要表现。

案例

招聘单位分布在宾馆的十多个楼层，不愿意走楼梯的求职者就等在电梯口。等的人多了，电梯超载现象严重。瞧这一幕——电梯到了，大家争先恐后、蜂拥而上，小小的空间很快就被挤满了。最后两个人挤进去时，超载的铃声响起。大家你看看我，我看看你，谁都不愿意出去，于是，最后挤进去的两个人成为大家埋怨的焦点。可是两个人谁也不让："我比你先进来，你应该出去。""你搞清楚，我进来的时候，你的一只脚还在外面呢。"最后，管理电梯的工作人员不得不把两个人都请了出来。

点评：

招聘单位分布在十多个楼层，求职者络绎不绝，电梯超载铃声时常响起。置身其中，求职者一定感到竞争激烈，压力倍增，烦躁情绪急速加剧。此情此景，求职者很容易产生"凭什么是我出去"的想法。诚然，此时的礼让不能帮你快一点找到招聘单位，也与你是否被录用无关，但是如果你是自觉迈出电梯的那个人，这种习惯会保证你无论被哪家公司录用，都会比赖着不走的人走得更远。

讨论：

有些公司在新员工入职后会聘请形象顾问对员工进行专门的礼仪辅导。如果你是这些公司的新员工，你希望得到形象顾问的哪些辅导呢？

三、礼仪的原则

礼仪的原则主要包括尊重、自律、宽容、平等、适度。

（一）尊重

礼仪的核心是敬人，即尊重为本。尊重是礼仪的情感基础。尊重是对对方的理解、肯定和接受，人与人之间只有彼此尊重，才能保持和谐愉快的人际关系，形成良好的社会风气。

每个人都希望别人尊重自己、理解自己。要获得别人的尊重，就要从尊重他人做起。

尊重他人表现在方方面面：一要尊重他人的人格尊严，无论何时都不能对其进行人格的侮辱和诋毁；二要尊重他人的隐私，偷听他人谈话、刺探他人私生活等都是不尊重他人隐私的表现；三要理解和尊重他人的行为习惯，不要将自己的标准强加于人；四要尊重他人的劳动、爱好和情感。总之，对他人表示尊敬，要从他人的角度出发，推己及人，努力做到“己所不欲，勿施于人”。

日常生活里常有一些小事并不引人注目，但仔细想来，我们能看到当事人的用心和对别人的尊重。比如，下雨天乘坐拥挤的公共汽车，他们会把雨具收好，放在随身携带的塑料袋里；在进出商场等公众场合时，他们会为身边进门或出门的人多扶一会门……这样的事数不胜数。同学们在日常生活中，会留意哪些类似的小事呢？

案例

2015 年 1 月 9 日，在 2014 年度国家科学技术奖励大会上，中科院院士、中国工程物理研究院高级科学顾问、中国“氢弹之父”于敏院士获最高科学技术奖。习近平总书记弯下腰向坐在轮椅上的科学家颁发奖励证书，并同他热情握手，表示祝贺。

2017 年 11 月 17 日，习近平总书记参加全国精神文明建设表彰大会，当看到年逾九旬的中船重工 719 研究所名誉所长黄旭华站在代表中间时，习近平总书记握住他的手，请他坐到自己身边。

2019 年 1 月 8 日，在 2018 年度国家科学技术奖励大会上，习近平总书记向两位院士颁发国家最高科技奖奖章、证书之后，请他们到主席台就座。党和国家领导人同两位最高奖获得者一道，为获得国家自然科学奖、国家技术发明奖、国家科学技术进步奖和中华人民共和国国际科学技术合作奖的代表颁发证书。

点评：

如何对待科技发展及为之奉献的工作者们？习近平总书记做了表率。以上温馨的细节处处体现出习近平总书记对科技工作者的尊重与礼遇。

讨论：

联系生活实际，你能列举几个曾经使自己感到温暖的礼仪细节吗？

（二）自律

礼仪规范是在长期的社会生活中，在人们的风俗习惯基础上逐渐形成的，它反映的是人们共同的利益要求，这就要求每一个社会成员都要自觉遵照执行。

礼仪中的自律原则是指人们在社会交往过程中学习掌握礼仪规范后，会在心中确立一套行为修养准则，并逐渐将其内化为一种内心的道德标准，以此来约束自己在社交中的言行，严于律己，自我管理。

自律原则的真正实现，就是不管有没有外部监督，人们都能按照内心的道德标准行事，在各种场合都能以礼仪规范严格要求自己。

自律的形成过程也是修养的提升过程，需要我们平时自觉学习礼节、民俗等方面的知识，从一点一滴做起，有意识地改进自己的言行。当你的一举一动在不知不觉中越来越符合礼仪规范时，那么恭喜你，你的自身素养正在不断提升。

案例

某日，孟子的妻子在房间里休息，因为是独自一人，便将双腿叉开坐着。这时，孟子推门进来，一见妻子这样坐着，十分生气。原来，古人称这种双腿向前叉开坐为箕踞*，这是非常不礼貌的。孟子一声不吭地走出去，看到孟母，便告诉她自己想把妻子休回娘家去，因为“她既不懂礼貌，又没有仪态”。孟母问：“你为什么认为她没有礼貌呢?”“她双腿叉开坐着，箕踞向人。”孟子回答。“那你又是怎么知道的呢?”孟子便把刚才的一幕说给母亲听。孟母听了说：“失礼在先的人是你，而不是你的妻子。难道你忘了我是怎么教你的了？进屋前，要先问一下里面是谁；进入厅堂

* 古人席地而坐，坐时臀部紧挨脚后跟，如果随意伸开双腿，像个簸箕，就叫箕踞，是一种不拘礼节、傲慢不敬的坐法。

时，要高声说话或咳嗽几声；为避免看到别人的隐私，进房间后，眼睛要向下看。你想想，卧室是休息的地方，你不出声、不低头就闯了进去，已经失礼，怎能责备别人没有礼貌呢？没礼貌的人是你自己呀！”一席话说得孟子心服口服，再也不提休妻了。

点评：

遵守礼仪规范是自律能力得到不断强化的过程。孟子是中国古代思想家，在这件小事中，圣人和普通人一样存在失礼的行为，可贵的是孟子严于自律，立即接受了母亲的批评。

《礼记·中庸》有云：“莫见乎隐，莫显乎微，故君子慎其独也。”君子慎独，哪怕是在一个人独处的时候，也一定要谨慎遵守礼仪规范，这样才能真正将礼仪规范内化于心、外化于行，充分发挥礼仪在浸润内心道德、规范人际交往、促进社会和谐等方面的巨大作用。

讨论：

孟子的妻子见到孟子走进房间看见自己双腿叉开坐着时，心里会有何想法呢？

（三）宽容

宽容就是能够体谅他人，设身处地为对方着想。宽容的突出表现是容人，原谅别人的过失。人非圣贤，孰能无过？在与人交往的过程中，我们不要求全责备、斤斤计较，应该给对方留下余地。人们常说，退一步海阔天空，也就是这个道理。刻薄是宽容的对立面，体现为咄咄逼人，得理不饶人，一点点不快都会记恨在心，一有机会就睚眦必报，甚至把人逼至窘境。

当然，宽容绝不是纵容，不是放弃原则、姑息迁就，更不是做“老好人”。对于行为不端者和寻衅滋事者不能一味讲宽容，而要有理、有据、有节地坚持说理。

案　例

一位德高望重的长老，在寺院的高墙边发现一把座椅，他知道有人借此越墙到寺外，于是搬走了椅子，蹲在那里等候。午夜，外出的小和尚爬上墙，再跳到“椅子”上，他觉得“椅子”不似先前那样硬，软软的甚至有点弹性。落地后，他定睛一看，才知道是长老用脊背接住他的，小和尚仓皇离去。这以后的一段日子，他诚惶诚恐地等着长老发落，但长老再没提及这件事。小和尚被长老的宽容深深打动，他再也没有翻墙，每日刻苦修炼，若干年后，成为这家寺院的长老。

无独有偶，有位老师发现一位学生上课时常常低着头画些什么。有一天他走过去拿起学生的画，发现画中的人物正是有些丑化的自己。老师没有发火，只是笑笑，要学生课后再加工，把自己画得更神似一些，自此，那位学生上课时再也没有画画，各门功课都学得不错，后来成了漫画家。

点评：

小和尚、学生的成长，与长老、老师的宽容不无关系。试想，如果他们当时受到严厉的批评或处分，又会如何？

讨论：

当你主动微笑着和别人打招呼，对方却没有以礼回应时，你会怎么办呢？

课堂活动

与人相处，难免有摩擦和冲突。宽容的人懂得换位思考，会用积极的心态去化解矛盾、解决问题，建立和谐愉快的人际关系。请开启反省时刻，填写表格。

曾经发生的那件事	我觉得自己当时不够宽容	如果时光倒流，那时候的我会这样做
示例：妹妹不小心打碎了一只碗	生气地对妹妹说：“你怎么总是这么不小心，做事不能沉稳些吗？真笨！”	抱抱妹妹，关心地安慰她：“没伤到手吧？当心，别踩到碎片。我知道你想多分担些家务，只是有时有点毛手毛脚。不要紧，以后做事细心点。我来打扫干净。”
1.		
2.		
3.		

（四）平等

与人交往还应该平等相待，交往者既不可因年长、位高而骄傲、自负，也不必因年轻、位低而自卑、自惭。

案例

1954 年，周恩来总理应邀访问缅甸。当时缅甸总理吴努对如何接待这样一位世界著名的政治家顾虑重重，既怕在接待上失礼，又怕谈话时失言而引起麻烦。吴努刚与周总理见面时很拘谨，在会谈的过程中，他发现周总理和蔼可亲、平易近人，丝毫没有“大国架子”，完全以平等协商的态度交谈，很受感动。

点评：

不论是个人交往还是国家间的交往，都要坚持平等原则。在对外交往过程中，中国政府这种不论大国小国，一律平等对待的态度给世界上许多国家留下了深刻的印象，也正是这种平等的态度，使中国在世界上赢得了越来越多的尊重。

讨论：

与人交往时应该如何做到平等待人呢？请举例说明。

（五）适度

人际交往中的适度原则是指掌握与交往对象的亲疏分寸，在特定环境中把握人们彼此之间的情感尺度，既要符合礼仪的规范性，又要兼顾礼仪的灵活性，使交往双方感到舒适、感动、愉悦。比如，与人交往时能够兼顾众人，不厚此薄彼；交谈时既不过多吹捧，也不一味谦虚；餐桌上不过于频繁地给客人夹菜；登门拜访时提前预约等。

小知识

人际交往的四种距离

有学者认为，根据人们交往的不同程度，可以把个体空间划分为四种距离。

1. 亲密距离，此距离是人际交往的最小间距，可称为亲密无间。处于 0 ~ 15 厘米，属于肌肤亲密接触的关系，常出现在夫妻、恋人、父母与子女之间。处于 15 ~ 45 厘米，这是身体不相接触但可以用手相互触摸到的距离，如挽臂执手、促膝谈心等，多存在于兄弟姐妹、亲密朋友、同事之间。

2. 个人距离，这个距离较少出现直接的身体接触。处于 45 ~ 120 厘米，适用于较为熟悉的人之间，可以亲切握手、交谈。

3. 社交距离，已超出亲密或熟悉的人际关系。处于 120 ~ 210 厘米，一般是工作场合与公众场所常处于的一种距离，如接待因公来访的客人，上级向下级布置工作等。如果处于 210 ~ 360 厘米，则表现为更加正式的交往关系，是会晤、交谈等场合适用的距离。

4. 公众距离，360 厘米以上，人际沟通大大减少，很难进行直接交谈。一般是演讲、教师讲课、舞台表演等适用的距离。

请同学们尝试一下彼此间的不同距离，说说有什么不同的感觉。

适度原则是建立在客观评价自己、评价别人的基础之上的。在日常交往中，同学们要正确认识自己的能力、特长，正确认识别人的态度、动机。在与人交往中做到自信自谦，真诚得体，处处为他人着想；出现错误的言行时，能够诚恳主动地致歉，为双方的和谐相处创造有利的条件。下面这个案例中兰妹之所以令女主人不悦，就是因为她没有把握好适度原则，没考虑到自己的行为给对方带来了不便。

案例

兰妹通过中介公司找到了一份做保姆的工作。兰妹热情活泼、踏实能干，第一天就给对方留下了不错的印象。她的主要工作之一是打扫房间，包括女主人的卧室。细心的女主人特意给兰妹提供了一张时间表，上面写明每天上午 8 点清理卧室。

开始几天，兰妹都干得相当好，令女主人很满意。直到有一天，兰妹照例去清理女主人的卧室，却发现她仍在睡觉。兰妹心想，我还是得按照计划办事，打扫并不会影响她休息。兰妹轻手轻脚地干起来。这时，女主人突然醒了，发现兰妹在她的房间里，感到很惊讶，马上叫起来："你在干什么？请出去！"兰妹却解释说："您接着休息吧，我这就打扫完了。"女主人提高了嗓门，一字一顿地说："请——你——出——去！"并且用手指向门外。兰妹不明白自己哪里惹恼了女主人。她心想："不是你叫我按时打扫的吗？"于是，兰妹满肚子委屈地走了。

点评：

兰妹的行为看起来像是待人诚恳热情、做事认真负责，但她的举动和孟子未敲门闯进房间看见自己妻子箕踞向人一样是侵犯了他人的隐私，妨碍了他人的私生活，这是不符合礼仪规范的。在人际交往中，我们应把握"热情有度"的原则。这个"度"就是以不妨碍对方，不给对方增添麻烦，不令对方感到不快，不干涉对方私生活为限。

讨论：

在这件事情的处理上，兰妹和女主人的做法有哪些需要改进的地方呢？

总之，礼仪渗透于人们日常生活中的各个方面，每一个劳动者都应具备良好的礼仪修养。技工院校学生是建设祖国的后备军，应努力遵守礼仪原则，掌握礼仪规范，提高礼仪修养和人际交往能力，为今后走上职场，实现技能成才、技能报国做好准备。

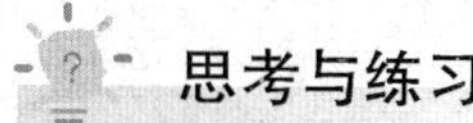

思考与练习

1. 简述礼仪的作用和原则。
2. 列举两三个生活和学习中你给别人带来温暖的礼仪细节。

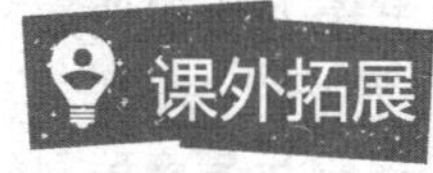

课外拓展

客人为什么又留下了

雨夜，机场附近某酒店的大厅很热闹，服务人员正紧张有序地为一批飞机延误了的客人办理入住手续，在大厅的休息处还坐着五六位散客等待办理入住。这时，又有一批飞机延误了的客人涌入大厅。大堂经理小刘密切注视着大厅内的情况。

"您好，我们打算住到市中心的酒店去，您能帮我们叫辆出租车吗？我们的手机快没电了。"两位客人走到小刘面前说。

"先生，都这么晚了，天气又不好，现在到市中心去恐怕不大方便。"小刘想挽留客人。

"从这儿打出租车到市中心不会花很长时间吧？我们刚联系过了，房间都订好了。"客人看起来很坚决。

"既然这样，我们马上为您叫车。"小刘彬彬有礼地回答道。她立刻叫来行李员小秦，让他快去叫车，并对客人说："我们酒店位置比较偏，可能需要两位先生等一下，两位不妨先到大厅休息处等候。这是充电宝，请先用着。"接着，她又为客人端上热茶。

天已经很黑了，行李员小秦站在路边等车，但出租车始终没来。客人等得有些焦急，不时站起身向外张望。小刘安慰他们说："今天天气不好，不太容易叫到出租车，但我们会尽力而为的。请再等一会，如果叫到车，我会立即通知您二位。"

又过了十五分钟，车还是没到。其中一位客人走出酒店，看到门外在风雨中站了半个多小时的小秦，对他说："我们不去了，你们服务这么好，我们就住这里了，真是辛苦你了！"同行的客人也赶了过来，一起将小秦拉进大厅，又对小秦和小刘连声道谢，愉快地到前台办理了入住手续。

感悟

小刘和小秦明知两位向他们寻求帮助的客人不愿在自己工作的酒店入住，但还是非常积极热情地为他们服务。无论客人是否入住酒店，小刘、小秦都以一贯的标准要求自己，用真诚有礼、热情周到的服务体现了自己的专业素质，也展示了自己所在酒店的良好形象，深深打动了客人，赢得了他们的信任，也为酒店赢得了客源。

◈ 行动

行为心理学中有一个“21 天效应”，即新习惯的养成并得以巩固需要 21 天。让我们闭上眼睛憧憬一下：只要用 3 周就可以养成几个好习惯，6 周后，因为我们的改变，周围的人对我们的印象也有所改变，一个学期下来，我们的生活状态也许会和现在截然不同。

请在表格中列出自己符合礼仪修养的好习惯，如“我每天都会微笑着主动和他人打招呼”“我每天都穿戴得整洁得体”“获得他人帮助时，我总会真诚道谢”“我从不随地吐痰、乱扔垃圾”“我从不闯红灯”“乘坐公交车时，我会为老幼病残孕乘客主动让座”等，并列出自己想要养成的新习惯，坚持 21 天！请在“点滴感悟”栏内写下自己的感受。

我的好习惯	点滴感悟			
	你坚持这个习惯多久了?	养成这个好习惯难吗?	有人感谢或赞美你吗?	听到别人的感谢或赞美你感觉如何?
1.				
2.				
3.				
4.				
5.				
我的小目标	**点滴感悟**			
	1 ~ 7 天	**8 ~ 14 天**	**15 ~ 21 天**	**21 天后**
1.		有人发现你的改变吗?		
2.	请给 21 天后的自己留言：			请给第一天的自己留言：

续表

我的小目标	点滴感悟			
	1 ~ 7 天	8 ~ 14 天	15 ~ 21 天	21 天后
3.			还要继续吗？	
4.				你还想坚持多久？

第二课 美好形象 礼仪之始

名言集锦

★ 衣冠不正，则宾者不肃。进退无仪，则政令不行。 ——《管子·形势》

★ 礼义之始，在于正容体、齐颜色、顺辞令。 ——《礼记·冠义》

★ 冠服不尚奢华，而容仪不可不饬。 ——张元济

★ 从人们对服装的选择，可以窥测到他的文化水平和道德修养的底蕴。 ——郭沫若

★ 举止彬彬有礼的人，一定能赢得好名誉。 ——［英］培根

形象指人的外表，包括容貌、姿态、风度等给别人的总体印象，是一个人的道德修养、文化水平、审美情趣、文明程度的外在表现。生活中，仪表端庄、落落大方令他人赏心悦目，更是对自己的尊重与认可。

一位身着笔挺军装的军官，一位戴眼镜、手拿文件夹的青年学者，一位打扮精致的漂亮女孩，一位留着怪异发型、穿着邋遢的男青年，分别在马路边搭车，如果你开车经过，你更可能为谁停下车呢?

一、仪容仪表礼仪

仪容仪表主要是指人的外表。仪容仪表是传达给接触对象最直接、最生动的第一信息，同学们应时时注重仪容仪表礼仪，展示自己美好的形象。青年学生仪容仪表修饰要求可参考下页表。

部位	仪容仪表修饰要求
面部	每天早晚洗脸；根据肤质特点选用合适的洁面用品清洁面部，选择合适的护肤品进行面部护理，天热时及时用手帕或纸巾擦去脸上的汗水；不在人前揪胡须、拔鼻毛、抠鼻孔等
嘴部	每天早晚刷牙，饭后漱口，保持口气清新；进餐时避免发出咀嚼声，不当众剔牙；交谈时避免唾沫横飞；在正式场合，不吃有刺激性气味的食物，不嚼口香糖；不对着人打哈欠、打喷嚏
耳部	每天早晚洗脸时注意将耳部清洗干净，不在人前掏耳朵
头发	勤洗头，保持头发干净，无头皮屑，根据发质特点选择合适的洗发、护发用品；头发要梳理整齐，发型大方得体；不染色，不烫发，刘海儿长度不超过眉毛；男生头发不长过耳朵，鬓角不可超过耳部上方
手部	勤洗手，洗手后可涂抹护手霜；指甲要清洁干净，剪短并修剪整齐；不涂指甲油；不在人前修剪指甲，摆弄手指，或用牙签等剔指甲
身体	勤洗澡，勤换内衣，身上无异味；不可文身

案例

一次商务谈判中，甲方聘请了一位能力、形象俱佳的翻译。谈判中场休息时，乙方要求甲方立即更换翻译，否则将拒绝进行谈判。理由是每次她将头发甩过来甩过去，我们都认为她更关注她的头发而不是她的翻译工作。

点评：

在职场中，女性的头发不宜披肩，长发宜绑紧、梳理整齐，这位女翻译在工作中披散着长发，甩动长发时影响到了他人。

讨论：

如果你是这位女翻译，你会怎样对待乙方提出的要求呢？

案 例

小张是一家物流公司的业务员，身材高大，长相帅气，但平时大大咧咧，不修边幅，头发经常乱蓬蓬，手指甲长了也不修剪，身上的衬衫皱巴巴。他在公司的业务员中学历最高，口头表达能力不错，对公司的业务流程很熟悉，对公司的产品及服务的介绍也很得体，给人感觉朴实又勤快，但他的业绩总是上不去。小张非常着急，却不知道问题出在哪里。

点评：

小张的仪容仪表不符合礼仪规范，没有体现出对客户应有的尊重。他不修边幅的形象在与客户接触时难以给人留下好印象，可能影响了他成功承接重要的业务。

讨论：

班级里哪位同学在仪容仪表方面做得比较好？

二、服饰礼仪

服饰反映了一个人文化素质的高低，体现了一个人对他人、对社会的态度，也是个人审美能力、创造力和自信心的完美体现。具体说来，服饰既要自然得体、协调大方，又要遵守某种约定俗成的规范或原则，不仅要与自身条件相适应，还必须时刻注意客观环境、场合对人的着装要求。

（一）选择服饰的原则

我们在选择着装搭配时应当注重时间（Time）、地点（Place）和场合（Occasion）这三个客观因素，即 TPO 原则。爱美之心人皆有之，不合时宜的装束，不但不能达到装扮自己的目的，而且会降低周围人对自己的印象分。

无论在什么场合，同学们所穿服装一定要干净整洁，不能脏兮兮、皱巴巴，甚至有破损，衣领、衣袖要翻好，纽扣要扣好。

1. 校园生活

同学们处在求学阶段，在校园中服饰的选择应以朴素大方、简约整洁为宜，不可

穿奇装异服，不能穿背心、吊带衫、拖鞋、高跟鞋等，也不必追求新潮，更不要一味追求名牌。如果佩戴校徽和团徽，应端正地佩戴在上衣的左胸处，且团徽在上、校徽在下。

2. 休闲娱乐

在学习、工作之余的休闲时间，包括居家休息、晚间散步、健身运动、游览观光、商场购物、看电影等，我们的着装应突出舒适自然的风格。我们可以选择运动服、休闲装等，这样会透出轻松自然之感。一定要得体，穿着睡衣、睡裤外出散步、购物，穿着西装、打着领带去钓鱼，或穿着西服套裙、高跟鞋去爬山等都是不适宜的。

3. 未来职场

工作时间，要根据身份特点、工作性质选择合适的服饰。工作场所的着装要根据不同职业特点进行选择，总体上以恰如其分、端庄大方为原则，体现出自己良好的气质和涵养，不可浓妆艳抹、衣饰华丽，也不可蓬头垢面、衣饰邋遢。同学们到企业实习或刚离开校园参加工作时，更要注重自己的着装，要力求端庄、大方、得体，既不能显得太稚气，也不能穿得太前卫，不要穿印有可爱卡通图案的T恤衫、背心、牛仔短裤、超短裙、凉拖等。

对于职场人士来说，晚间的公务宴会等正式社交活动较多。这类场合的着装要隆重些，礼仪要求也更严格一些，以体现高雅大方的形象。男士可穿深色西服，女士着装要端庄雅致，以裙装礼服为宜。

案 例

崔静是某报社的记者，要去参加市政府新闻发布会。发布会举行的时间刚好是她度假回来的那天下午，时间紧迫，她来不及换衣服，穿着一身休闲服匆匆赶到会场。到了会场门口，门卫无论如何不让她进，理由是她的穿着打扮根本不像来参加新闻发布会的记者：她脚上穿了一双拖鞋，下着大花的沙滩短裤，身穿吊带衫。即使她出示了自己的记者证，门卫仍然没有同意让她进入会场。最后，崔静只能悻悻而去。

新西兰“新闻专线”记者劳拉曾因穿着金色跳舞裤参加谋杀案庭审而被法庭驱逐出场。当天，劳拉身着黑色长袖衬衣，下穿闪光的金色跳舞裤，登记人员午间休庭前要求其离场。劳拉抱怨说：“我当时坐在桌后，没有人能看到。”

点评：

崔静身为记者，应该知道参加新闻发布会，尤其是政府部门举行的新闻发布会是一件严肃的事情。她的装扮适合游客的身份，绝不适合出席新闻发布会。劳拉穿着闪光的金色跳舞裤参加谋杀案庭审更是不合适的。在这样的场合，即使不需要穿正式的西服套装，也应该选择庄重严肃的着装。

讨论：

生活中，还有哪些场合需要我们选择庄重严肃的着装呢？

4. 四季变化

一年四季的变化是大自然的规律，同学们在着装时应遵循这一规律，做到冬暖夏凉、春秋适宜。夏季着装宜清爽、简洁，不要衣着过于暴露或过于薄透，男生不能在人前赤膊。冬季应以保暖、轻便为着装原则，既要避免着装过厚而显得臃肿不堪、形体笨拙，也要避免为了形体美而着装太单薄。春秋两季的着装总体上以轻便灵活、薄厚适宜为佳。

（二）服装的色彩选择

明代学者卫泳论及服装的色彩时，有云："春服宜倩，夏服宜爽，秋服宜雅，冬服宜艳。见客宜庄服，远行宜淡服，花下宜素服，对雪宜丽服。"色彩是服装留给人们记忆最深的印象之一，在很大程度上也是人们着装成败的关键。所以，在服装色彩的选择上既要考虑个性、爱好、季节，又要兼顾他人的观感和所处的场合，衣着颜色一般不超过三种。在服装的色彩选择上要想取得成功，最重要的是掌握以下几个方面：

1. 色彩的特性

（1）色彩的冷暖

我们根据色彩的不同把色彩分为暖色和冷色。使人产生温暖、热烈、兴奋之感的色彩叫暖色，如红色、橙色等。使人有寒冷、抑制、平静之感的色彩叫冷色，如蓝色、黑色、灰色。可根据不同的场合来选择衣着颜色，如欢快热闹、轻松喜庆的场合以及背景是冷色的环境下比较适合穿暖色，而安适恬静、庄重肃穆的场合宜穿冷色。

（2）色彩的轻重

色彩明暗变化的程度称为明度。不同明度的色彩轻重感不同。色彩浅，明度强，有上升和轻松的感觉。色彩深，明度弱，有下沉和厚重的感觉。我们平日的着装，通常讲究上浅下深。

（3）色彩的缩扩

色彩不同，给人收缩或扩张的感觉有所不同。一般来讲，冷色、深色属收缩色，暖色、浅色则为扩张色。运用恰当，二者皆可使人在形体方面扬长避短，运用不当则会使人在形体上缺点尽显。皮肤偏黑尽量少穿黑色、深咖色套装；腿较粗的女生穿颜色稍深的收缩色丝袜显得苗条。有研究表明，明快、温暖的色彩容易让自己和他人感到愉快，也使自己更加自信，有的同学着装和装饰的出发点就是"我要酷"，所以他们经常选用冷色调来张扬个性，引人注意。其实，同学们正处于青春花季，服装的选择以色彩温暖、线条流畅、明快简洁为佳，阳光大方的着装更能体现清新自然的健康之美和朝气蓬勃的精神面貌。

2. 色彩的搭配

（1）统一法

配色时采用同一色系中各种明度不同的色彩，按照深浅不同的程度进行搭配，以便创造出和谐感。如果穿西服选择灰色系，可以由外向内逐渐变浅，如深灰色西服配浅灰底花纹的领带和浅灰色衬衣（或白色衬衣）。这种方法适用于工作场合或庄重的社交场合。

（2）对比法

配色时运用如冷暖、轻重等两种特性相反的色彩进行组合，以使着装在色彩上产生强烈反差，静中求动、突出个性。但要注意的是，运用对比法时忌讳全身的上二分之一与下二分之一对比，这会给人拦腰截断的感觉。找到黄金分割点，即穿衬衣时从上往下第四颗扣子与第五颗扣子之间的位置，以这个位置为分界点进行颜色对比才有美感。

（3）呼应法

配色时，在某些相关部位刻意采用同一色彩，以使其遥相呼应，产生美感。如穿西服的男士在正式场合中，其公文包、腰带、皮鞋的色彩相同，即符合西装穿着的“三一定律”。

3. 正装的色彩

非正式场合所穿的便装对色彩的要求不高，但正式场合穿的服装色彩却有规律可循。

（1）三色原则

这是选择正装色彩的基本原则。要求正装的色彩在总体上应以少为宜，最好控制在三种色彩之内，以保持正装庄重的总体风格，突出简洁、和谐。

（2）基本色彩

正装的色彩一般应为单色、深色，并且应当没有图案，这样显得庄重。男士标准的正装色彩是蓝色、灰色、棕色、黑色，衬衣的色彩多为白色，皮鞋、袜子、公文包的色彩宜为深色（黑色最为常见）。

（三）服装的款式选择

服装的款式指的是服装的种类、样式。它不仅与着装者年龄、性别、形体、职业、偏好及流行趋势有关，而且深受文化、习俗、道德规范等影响。

案例

一家公司的女工程师们离开总部到分公司工作时，工作效率降低了，原因是一些分公司负责人对她们的能力表示怀疑，轻视了她们。为此，公司委托一位服装专家挑选了13位来自7个不同地区的女工程师，为她们设计了几种裙式套装，并在配色上突出她们的特征，以增强人们对她们的信任感。每个女工程师离开总公司时一律穿灰色、蓝色裙式套装，配以合适的上衣和鞋子。半年后，她们得到高级管理人员的认可，在分公司的工作效率明显提高了，许多女职员也开始模仿她们的衣着。

点评：

虽然身着具有女性特质的裙装，但是设计师在款式、色彩等设计风格上融合了职业的因素，通过服装来体现职业女性的气质，塑造她们在职场上“巾帼不让须眉”的形象，从而增强了人们对她们的信任，提高了工作效率。

讨论：

你见过哪些着职业装的上班族？他们给你留下了怎样的印象？

选择服装款式要使之合乎身份、塑造形象，并对对方不失敬意。选择服装款式时应注意应己原则和应制原则。

1. 应己原则

着装前应首先考虑自身特点，以扬长避短为原则，根据自己的体形选择最合适的服装款式。

根据人体的体型，服装分为五种造型（见下表），每个人要了解自己的体型并且要正视它，才能选择出最适合自己的款式。例如，身体偏胖不要穿横条纹、紧身的服装；身材瘦高不宜穿竖条纹的服装；脖子短则不要穿高领衣，可以选穿 V 型领的衣服等。

服装造型	图示	适合对象
A 型		上紧下松，适合上身有优势、下身没优势的人

续表

服装造型	图示	适合对象
Y 型		上松下紧，适合上身没优势、下身有优势的人
X 型		上下宽松、卡腰，如收腰服等，适合上下身无明显优势、腰细的人
H 型		筒型、上下一样宽，适合上下身比较匀称或身材苗条的人
O 型		上下都非常宽松，适合体形偏胖的人

2. 应制原则

着装要遵守服装应有的规则和穿法。如穿中山装，要注意上衣风纪扣和衣服上的其他扣子务必扣上，口袋里不放杂物，配擦亮的皮鞋。穿西装落座后，可将西装最下排的扣子解开，站起来后，特别是面对他人时，应当将西装上衣衣扣都系好。打领带时要注意领带结大小要与衬衫衣领大小成正比等。

小知识

鞋袜的选择与穿戴

鞋子和袜子被称作“脚部时装”和“腿部时装”。

一双得体的鞋子不仅能映衬出服装的整体美，还能增加人体本身的挺拔俊美，能为全身的服装添色增辉。一般来说，庄重肃穆的场合不能穿拖鞋、露脚趾的皮凉鞋；穿西装时不能穿旅游鞋、布鞋；鞋的颜色与衣服的下摆一致或更深一些，这样能使人的身材显得高挑。

在正式场合，不能赤足穿鞋。女性应穿肉色或浅色的长丝袜或连袜裤，长袜的长度一定要高于裙子下摆，以免走动时露出丝袜边缘，显得不雅观。

（四）饰品的选择与佩戴

饰品指的是人们在穿着打扮时使用的装饰物，是整体装束中不可或缺的一部分，可在服饰中起到烘托主题和画龙点睛的作用。饰品包括两大类：一是以实用性为主的饰品，如帽子、领带、围巾、手表、腰带、手提包、公文包、太阳镜等；二是以装饰性为主的饰品，如项链、戒指、耳环、手镯、手链等。

1. 饰品佩戴原则

饰品佩戴的总体原则是让自己的整体装扮显得更有品位。与选择服装一样，饰品的选择和搭配也应该遵守一定的原则，具体有以下几点：

（1）应当遵从有关传统和习惯，在社交场合不要靠佩戴饰品去标新立异。

（2）宁缺毋滥，不要戴粗制滥造的饰品。在正式场合不戴首饰是可以的，戴就要戴质地、做工俱佳的饰品，否则会降低自己的品位。

（3）注意场合，恰到好处，上学时不戴饰品。在交际应酬时，佩戴饰品最多不要超过三件。

（4）考虑性别因素。女士可以戴各种首饰，男士一般戴手表、戒指等。

（5）突出个性，不要盲目模仿他人。如嘴大、鼻梁高、眼窝深的女性，戴一副大耳环更显漂亮，而樱桃小嘴的女性则适合戴小耳环，显得小巧温柔；脸大可以戴镜片大一些的太阳镜，脸小则适合戴镜片小一些的太阳镜。

（6）扬长避短，显优藏拙。如脖子短的人，不宜戴锁骨链，而应戴细长的项链，这样从视觉上把颈部拉长了；个子矮的人，不宜戴长围巾，否则会显得更加矮小。

案例

一位女推销员在推销商品时喜欢穿着深色套装，提着一只男性化的公文包，销售成绩一直不够理想。后来，她改穿色彩淡雅的套装，配以女性化的皮包，使自己更有亲切感。

点评：

这位女推销员穿深色套装、提男性化公文包去推销商品，虽然着装端庄稳重，但太过严肃，使得顾客不想接近。在工作中，我们的着装也要考虑个性和职业特色等因素。

讨论：

学校举行以“青春·梦想”为主题的演讲比赛，假如你是参赛选手，你如何为自己选择得体的着装呢？

2. 实用性饰品佩戴原则

选择帽子要照顾款式，更要注意色彩、大小、高低与自己肤色、体型、身材的关系。脸长不宜戴高帽子，脸尖宜戴圆帽子，脸圆宜戴棒球帽；高个子可戴宽檐帽，矮个子可戴高筒帽；皮肤较黑不宜戴深色帽子，肤色发黄最好戴深红、咖啡色的帽子。

休闲场合帽子可以歪戴，以显得活泼、俏皮、洒脱；与人握手、鞠躬要把帽子摘下；在室内最好不要戴帽子。

3. 装饰性饰品佩戴原则

金项链、珍珠项链可与大部分颜色的服装相配，给人以华美的总体印象，但如果与衣装颜色过于接近会因混于一色而不易分辨，就会失去装饰的功能；细小的金项链与无领的连衣裙相配显得清秀，如果挂在厚实的高领衣装外，会给人局促的印象；矮胖圆脸的人，佩戴长及胸部的项链，可使人感到增加了身高，加长了脸型；脖子细长的人，则宜佩戴贴颈的短项链；穿着较厚毛衣可佩戴珠宝项链或挂件。

此外，衣着的质料、颜色、样式及场合也常常影响着各种质地、造型的耳环的佩戴。纯白色的耳环和金银耳环可配大部分衣服；珍珠耳环宜配以深色高档礼服；脸长，特别是下颌较尖的脸型应佩戴面积较大的扣式耳环，可以使脸部显得圆润丰满；脸型较宽的方脸，宜佩戴小耳环；色彩鲜艳的耳环宜配以鲜艳的衣装。

戒指通常戴在左手上。一般来说，戴在食指上，表示尚未恋爱；戴在中指上，表示已有意中人，正在恋爱；戴在无名指上，表示已正式订婚或已结婚；戴在小指上，表示暂不婚恋。一只手上只戴一枚戒指，戴两枚或两枚以上，在很多正式场合是不适宜的。

手表、手链等饰品佩戴松紧要适宜，若太紧会令自己感觉不舒服，若太松挥舞手臂时可能脱落。

总之，爱美之心人皆有之，穿着得体不仅能赢得别人的好感，给人以良好的印象，而且能不断提升自己的信心，使自己充分享受生活的乐趣。我们在实际生活中要通过反复观察比较，找到适合自己的、能完整表现自己健康美、气质美的着装风格。

案例

屠呦呦是首位获得诺贝尔科学奖的中国人，是抗疟新药青蒿素的第一发明人。她领导科研组在1971年发现对鼠疟、猴疟均具有100%的抗疟作用的青蒿素，挽救了全世界上百万人的生命。

2015年12月10日晚，一年一度的诺贝尔奖颁奖典礼在瑞典斯德哥尔摩音乐厅举行，中国科学家屠呦呦获得了2015年诺贝尔生理学或医学奖。屠呦呦身穿中国风紫色丝质套装裙，胸前点缀着一枚闪亮的紫罗兰宝石胸针。这枚胸针融合了凤凰的尾翼、蝙蝠的翅膀等中国传统吉祥图案以及黄花蒿元素，其最精妙之处是图案里还融入了屠呦呦名字的汉语拼音首字母TYY。屠呦呦从瑞典国王手中接过诺贝尔奖奖章和证书时，全场响起热烈掌声。

点评：

诺贝尔颁奖典礼的主办方对参加诺贝尔颁奖典礼嘉宾的着装有着明确要求：男士要穿正装、燕尾服并且要佩戴白色的领结，女士要穿长礼服。屠呦呦的着装端庄大方，优雅得体，神采奕奕，尽显东方神韵。她佩戴的有黄花蒿元素的胸针寓意深刻，简约别致，十分亮眼，呼应了她和她带领的团队发现的抗疟药物青蒿素，起到了很好的点缀效果和烘托作用。

三、体态礼仪

体态即姿态和举止，在很大程度上反映一个人的素质、受教育的程度及能够被别人信任的程度。大方得体的体态往往能给人留下深刻的印象。

“站如松，行如风，坐如钟，卧如弓。”这是古人对体态美的形象概括。在人际交往中，我们要注意自己的行为举止，用恰当的站姿、坐姿、步姿和蹲姿等，使自己成为举止优雅的人。

（一）站姿礼仪

优美的站姿能显示自信，衬托出良好的气质和风度，给他人留下美好的印象。

1. 站姿的基本要领

站姿的基本要求是正和直，其基本要领如下：

（1）头正

抬头，双目平视，面带微笑，精神饱满。

（2）肩平

双肩放平，稍向下沉，身体有向上的感觉，呼吸自然。

（3）臂直

双臂放松，自然下垂于体侧，手指自然弯曲。

（4）躯挺

躯干挺直，挺胸，收腹，提臀。

（5）腿并

双腿并拢立直，脚跟靠紧，脚尖分开，身体重心在两脚中间。男生脚一般开立，两脚之间距离与肩同宽；女生脚位呈“丁字步”，前面的一只脚脚后跟靠在后面的一只脚的脚窝处，两脚之间的夹角是 45 度，男生应站得刚毅挺拔，女生应站得亭亭玉立。

站累时，脚可以向后撤半步，但上身仍应保持正直，不可把脚向前或向后伸得过多或叉开很大。

站姿

2. 常见站姿

(1) 一位站姿（也称标准式或侧放式）

双手自然垂直于身体两侧，脚跟靠紧，两脚分开呈“V”形。

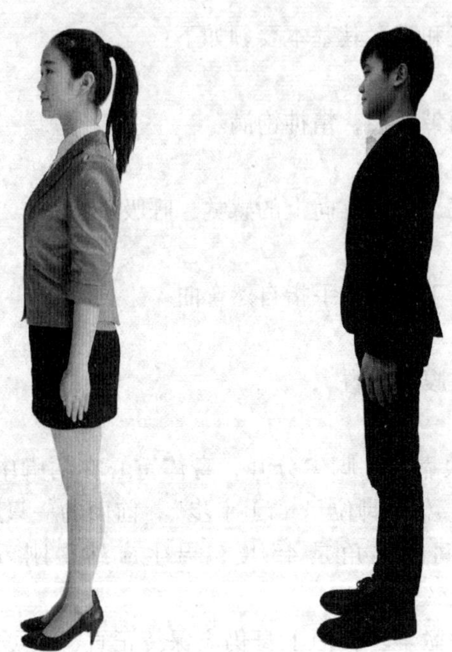

一位站姿

（2）二位站姿（也称前腹式）

双手自然并拢，右手搭在左手上，轻贴于腹前，女生脚位呈“丁字步”，男生两脚开立与肩同宽。

二位站姿

（3）三位站姿（也称后背式或背后交叉式）

多用于男生，双手在体后交叉，左手搭在右手上，贴于腰部，双脚开立与肩同宽。

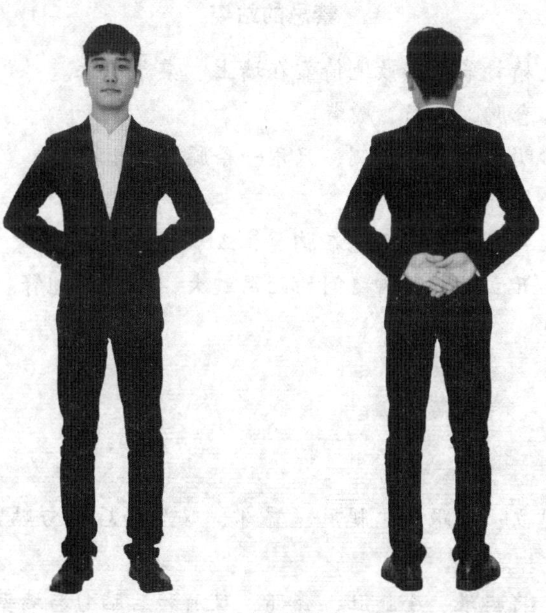

三位站姿

(4) 四位站姿

一手放于体前或体后，一手垂放于体侧，女生脚位呈“丁字步”，男生两脚开立与肩同宽。

四位站姿

小知识

禁忌的站姿

1. 东倒西歪，无精打采，懒散地倚靠在墙上、桌子边上。
2. 低头、歪脖、含胸、端肩、驼背。
3. 将身体的重心明显地移到一侧，只用一条腿支撑着身体。
4. 下意识地做小动作。
5. 手揣在裤兜里，或双手交叉抱在胸前，或双手叉腰。
6. 男生双脚左右开立时，两脚之间的距离过大，挺腹或翘臀。
7. 两腿交叉站立。

课堂活动

1. 两人背靠背站立：脚跟、小腿肚、臀部、双肩和后脑勺贴紧，为加强效果可以在五个触点夹上小卡片。

2. 背靠墙站立：将脚跟、小腿肚、臀部、双肩和后脑勺与墙壁靠紧。

3. 头顶书本站立：下巴向内收，颈部自然挺直，上身挺直，目光平视，面带微笑，把书本放在头顶中心，使书本不要掉下来，头、躯干保持平衡。

4. 对镜或面对面站立：面对镜子或面对同学，选取自己喜欢的站姿进行训练，仔细检查自己的站姿及整体形象，或请同学纠正。

以上训练可配音乐进行。

（二）坐姿礼仪

坐姿的基本要求是端正。优雅的坐姿传递着自信、友好、热情的信息，同时也显示出高雅端庄的良好风范。

1. 坐姿的基本要领

头正，嘴角微闭，下颌微收，双目平视，面容平和自然。上身自然挺直，挺胸，不要左右摇晃。双肩平整放松，双臂自然弯曲，双手自然放在双腿或椅子、沙发扶手上，掌心朝下。双膝自然并拢，双腿自然弯曲。坐椅面的2/3。

2. 常见坐姿

（1）标准式

双腿自然弯曲，小腿垂直于地面，双手分放在两膝或椅子扶手上。女生两脚保持小“丁字步”或双脚并拢着地；男生两脚分开一拳宽，两脚平行朝前。

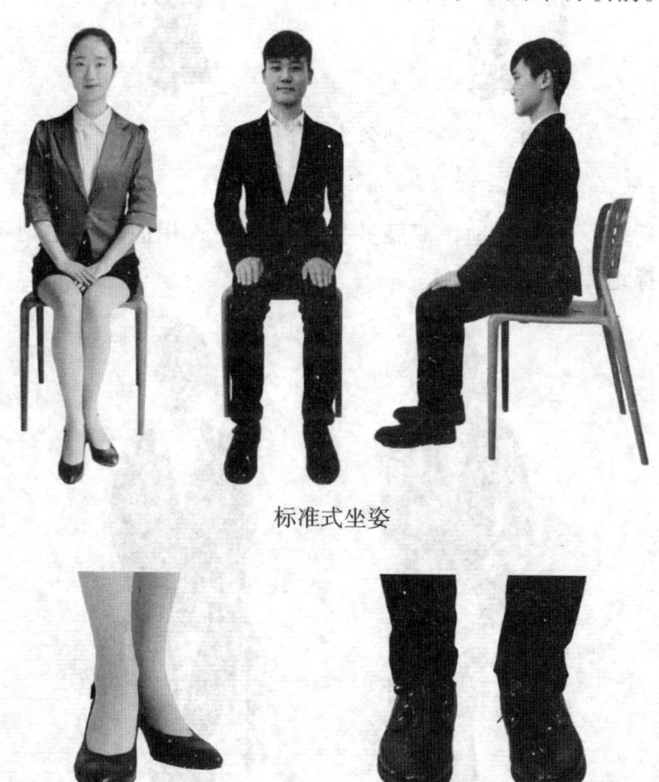

标准式坐姿

标准式坐姿脚部动作

(2) 前伸式

在标准式的基础上，女生两脚向前伸出一脚的距离，男生右脚向前半脚。脚尖不要翘起。前伸式适用于与人面对面交谈，故身体应略前倾，表示对对方的尊重。

(3) 前交叉式

一脚置于另一脚前，两踝关节处交叉，双脚脚尖着地。女生双膝并拢，男生双膝自然分开。

前交叉式坐姿

(4) 后点式

女生两小腿后屈，脚尖着地，双膝并拢，与标准式相似；男生则两脚并拢，小腿向后屈回，脚掌撑地。

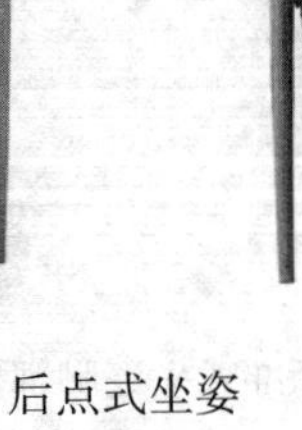
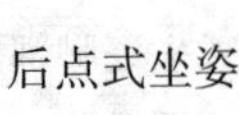

后点式坐姿

（5）重叠式

在标准式坐姿的基础上，一条腿垂直于地面，另一条腿在其上重叠，重叠腿向里收，并贴住垂直腿，重叠腿的脚尖向下。

重叠式坐姿

（6）曲直式

仅限于女生。右脚前伸，左小腿屈回，双膝并拢，左脚前脚掌着地，两脚前后在一条直线上。

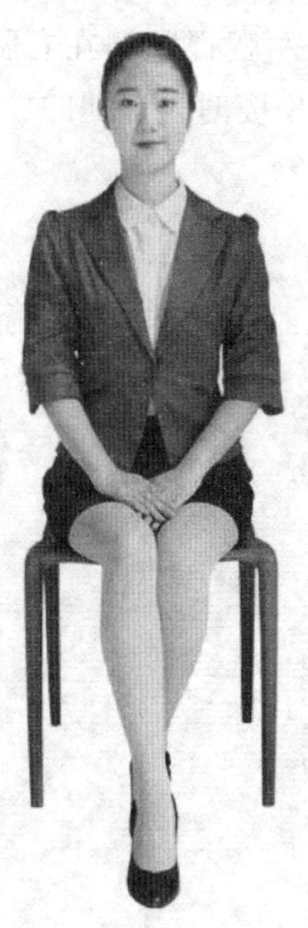

曲直式坐姿

(7) 侧点式

仅限于女生，有右侧点式和左侧点式两种。采用右侧点式坐姿时，两小腿向右斜出，双膝并拢，右脚跟靠拢左脚内侧，右脚掌着地，左脚尖着地。采用左侧点式时，双腿的放置方向正好相反。

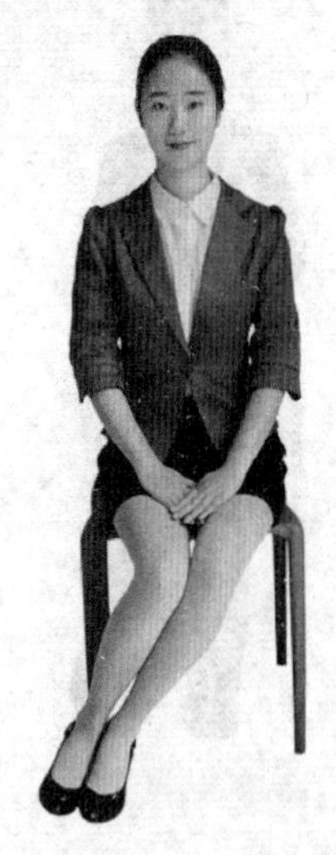
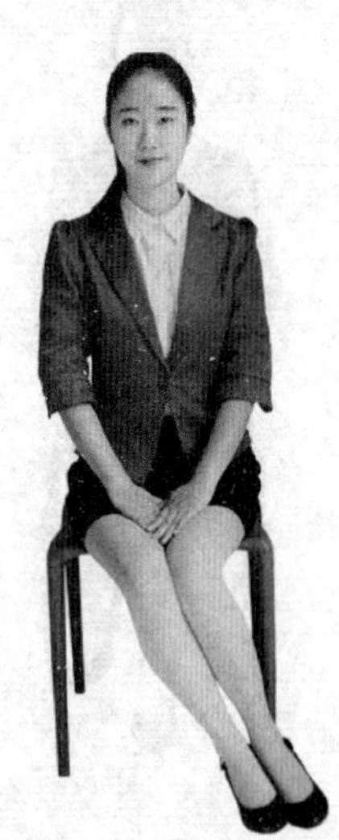

侧点式坐姿

(8) 侧挂式

仅限于女生，有右侧挂式和左侧挂式两种。右侧挂式在右侧点式的基础上，右小腿后屈，脚绷直，脚掌内侧着地，左腿提起架在右腿上，用脚面贴住右踝，两小腿并拢，上身保持正直。采用左侧挂式坐姿时，双腿的放置方向正好相反。

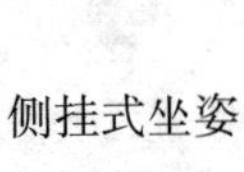

侧挂式坐姿

3. 公共场所的入座要求

（1）入场时

同学们进入公共场所就座时，首先要自然大方、有秩序地入场，按组织者指示的位置落座。如果附近坐着熟人，应该主动打招呼；如不认识，可点头微笑。若是气氛严肃或庄重的场合，则不要东张西望，不要寒暄，不要随便换位。如有特殊情况，可举手示意组织者，经允许后可低声交流，以不扰乱场所秩序为度。

（2）入座时

入座时应当轻而稳，走到离座位约 10 厘米处缓慢转身，单脚向后收半步，找稳重心再落座，落座后两脚并齐。和客人一起入座时，先请对方入座。

女生穿裙装落座时应在站立的姿态上，腿靠近椅子时坐下。如果衣领较低，一手放于胸前避免走光，一手将裙子后片向前拢，再轻轻坐下。

男生落座时膝部可以分开些，但不要超过肩宽，也不能两腿叉开半躺在椅子里。

（3）入座后

听他人讲话时，上身稍向前倾，与对方保持适当的眼神交流并适当做出回应。久坐疲劳时可以靠在沙发或椅背上略微休息，但不可将脚伸出老远，不要半躺半坐或伏在桌子上。

（4）离座时

离座时要自然，身边如果有人在座，应该先用语言或动作向对方示意，声音要轻，动作要小。离座时单脚向后收半步，找好重心再起身。起身时幅度不要太大，不要碰翻桌上的物品。

小知识

禁忌的坐姿

1. 手乱放，或是双肘支在面前的桌子上，或将手夹在两腿间。
2. 上身向前趴伏在桌上或自己的大腿上。
3. 双手抱腿。
4. 腿叉开过大。
5. 架腿方式欠妥，把一条小腿架在另一条大腿上，两腿之间空隙过大。
6. 双腿直伸出去。
7. 盘坐在座椅上。
8. 抖腿。
9. 脚蹬踏其他物品。

课堂活动

配音乐进行坐姿训练。

1. 两人面对面练习：进行各种坐姿的训练，互相督促，指出对方的不足。

2. 对镜训练：坐在镜子前面，按照坐姿的要求进行自我纠正。

（三）步姿礼仪

步姿是人体呈现出的一种动态姿势，是站姿的延续，是身体动态美的重要形式，标准的步姿要以端正的站姿为基础。

人行走时应如行云流水，有一种轻快、自然、流畅之美。良好的步姿应体现个人的精、气、神。

1. 步姿的基本要领

（1）头正

双目平视，精神饱满，面带微笑。

（2）肩平

双肩平衡，自然摆动，摆动时与双腿距离不超过一拳。

（3）躯挺

上身挺直，立腰收腹，身体重心稍前倾。

（4）步位直

脚跟先接触地面，依靠后腿将身体重心送到前脚掌，使身体前移。两脚落地后的轨迹呈直线。

（5）步幅适度

人在走或跑时，同一脚掌两次着地时间隔的距离为步幅。行走时步幅应适度。

（6）步速平稳

行进中步伐要轻盈，速度应保持均匀、平缓，不要忽快忽慢。

（7）有节奏感

行走时脚要离开地面，要走得有节奏感，不能在地上蹭着走。

2. 当众发言时的步姿要求

精神饱满、面带微笑走上台。走路时要昂首挺胸，收腹提臀，上身平稳，步伐矫健有力，目视前方，双手自然摆动。上台后选择最适当的位置，一般站在麦克风前、灯光照射下，在可以让每位观众都能看到的位置停下来。如果站立的位置需要调整，应采用单脚稳步微调的方式。发言完毕，微笑着向观众鞠躬致谢，再稳步走下讲台。

小知识

禁忌的步姿

1. 方向不定，忽左忽右。

2. 体位失当，摇头、晃肩、扭臀。

3. 左顾右盼，重心后倾或前移。

4. 双手反背于身后。

5. 低头、含胸、驼背。

6. 双手插入裤兜。

7. 与多人走路时，或勾肩搭背，或奔跑蹦跳，或大声喊叫等。

课堂活动

1. 摆臂训练：身体直立，以肩为轴，双臂前后自然摆动。注意摆动的幅度适当，避免双肩过于僵硬或双臂左右摇摆。

2. 步位步幅训练：在地上画一条直线，行走时检查自己的步位和步幅是否正确。

3. 头顶书训练：将书本放在头顶中心，保持行走时头正、颈直、目不斜视。

4. 协调性训练：配以节奏感较强的音乐，行走时应注意掌握好走路的速度、节拍，保持身体平衡，动作协调。

以上训练可配音乐。

（四）蹲姿礼仪

蹲姿的基本要求是沉稳、大方、美观，下蹲时尽量迅速。

1. 蹲姿的基本要领

下蹲时，两腿合力支撑身体，避免摔倒，双腿靠紧，臀部向下。蹲姿切忌两腿叉开，臀部向后撅起，或是两腿开立下蹲。女生无论采用哪种蹲姿，都要将腿靠紧，臀部向下。如衣领较低，最好一手轻放胸前，以免走光。

2. 常见蹲姿

（1）交叉式

交叉式蹲姿通常适用于女生，尤其是穿短裙的女生。它的特点是蹲下后两腿交叉在一起，姿势优雅。

交叉式蹲姿的要领：右脚在前左脚在后站立；右小腿垂直于地面，全脚着地；左膝由后面伸向右侧，左脚跟抬起，脚掌着地；两腿靠紧，合力支撑身体下蹲。臀部向下，上身稍前倾。也可相反，左脚在前，右脚在后。

交叉式蹲姿

（2）高低式

右脚在前，左脚稍后，两腿靠紧向下蹲。右脚全脚着地，小腿基本垂直于地面，左脚脚跟提起，脚掌着地。左膝低于右膝，臀部向下，左腿支撑身体。也可相反，左脚在前，右脚在后。男士两腿可适当分开。

高低式蹲姿

禁忌的蹲姿

1. 离人过近。
2. 方位失当（忌正对或背对他人）。
3. 毫无顾忌，随意蹲下。
4. 双腿叉开，蹲着休息。

思考与练习

1. 服装色彩有哪些特性？色彩的搭配有哪几种方式？
2. 站姿的基本要领是什么？常见的站姿有哪几种？

3. 坐姿的基本要领是什么？常见的坐姿有哪几种？

4. 步姿和蹲姿的基本要领分别是什么？常见的蹲姿有哪两种？

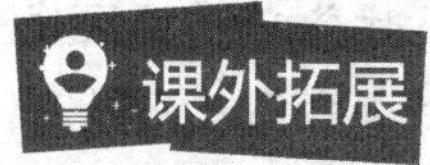

“双奥会”颁奖礼仪志愿者尽展礼仪之邦风范

2022 年 2 月 4 日晚，第 24 届冬季奥林匹克运动会（以下简称冬奥会）在北京隆重开幕，这是继 2008 年第 29 届夏季奥林匹克运动会（以下简称北京奥运会）后，北京再次披上奥运华彩，成为世界上首个举办夏季奥运会和冬季奥运会的“双奥之城”。美丽大方的颁奖礼仪志愿者端庄优雅地走向奖台，传递出对运动员们的最高敬意。这不仅展现出东方之美和礼仪之邦的风范，更传达了民族自信和大国之爱。

北京奥运会礼仪志愿者这样炼成

※含筷练笑

2007 年 7 月 26 日至 8 月 13 日，小张和来自北京多个学校的 80 多名礼仪志愿者一起，在学校内接受了为期 21 天的训练。志愿者们上午进行礼仪培训，下午进行舞蹈形体培训，晚上聆听奥组委专家的礼仪知识讲座。

身材高挑的小张认为自己能通过选拔，最关键的是因为自信和爱笑。她说发自内心的微笑能感染每个被服务的人。

※穿高跟鞋练站姿

培训时正值北京的酷暑，培训的姑娘们穿着高跟鞋练站姿，双手放到背后练习抬头挺胸，一堂课下来手酸了，衬衫也湿透了。

小张说，礼仪培训时老师抓得很细，甚至转身时脚和身体的移动都要一个动作一个动

作纠正，不到位的肯定重来。

北京冬奥会颁奖礼仪志愿者训练的特别之处

※负重训练

北京冬奥会颁奖的难度大，颁奖礼仪志愿者必须忍受寒冷，数小时待在等候区域为颁奖做准备。特别是像冰球等集体运动项目对颁奖礼仪志愿者的要求更高：一是上台领奖的金牌、银牌、铜牌3个团队的运动员多达几十名，二是颁奖是在比赛现场的冰面上进行。所以，为了增强体能，保证一次性运送多块奖牌时能够平稳、从容、优雅地端好装有奖牌、花束的托盘，礼仪志愿者坚持用沙袋进行负重训练。

※佩戴口罩练“笑眼”

根据新冠肺炎疫情防控的要求，颁奖礼仪志愿者必须按防疫要求全程佩戴口罩。在颁奖时，颁奖礼仪志愿者们面部从眼部以下被口罩遮住，但仍然要让运动员和观众感受到颁奖礼仪志愿者们的热情，这就要求大家戴口罩也必须保持微笑，练就一双“笑眼”，从眼睛里流露出更自然、更打动人的笑意。

◆ 感悟

在很多场合我们没有机会向每一个人介绍自己，而优雅得体的仪容、仪态可以代替我们完成自我介绍，给他人留下良好的印象。

礼仪志愿者们在奥运颁奖舞台上将功力藏在细节里，从细节中尽展中华千百年来的悠久礼仪文化和民族自信，传递中国人民对全世界人民的热情大方、真诚友好，成为为中外文化交流架起桥梁的美丽天使。

人们常说：“三分长相，七分打扮。”注重仪容仪表于我们而言就是为自己做了一张漂亮的名片，令接收者赏心悦目。

◆ 行动

1. 以小组为单位，上台配乐展示良好的步姿和不同的坐姿、站姿。

2. 以小组为单位，根据男生、女生仪容修饰要求，从发型、面部和手的清洁、着装等是否符合礼仪标准等方面进行文明仪表自评和小组评议，指出不合要求之处并调整到位。

序号	检查内容	存在问题	个人自评（20%）	小组评议（30%）	调整后教师评分（50%）	总评分
1	发型（25分）					
2	面部（25分）					
3	手部（20分）					
4	着装（30分）					

所在小组：　　被评价人姓名：　　性别：　　总评分：

说明：满分100分，总评分＝个人自评（占20%）＋小组评议（占30%）＋调整后教师评分（占50%）

3. 举办以“赓续红色血脉，汲取红色力量”为主题的演讲比赛。请据此进行精心的仪容修饰，选择恰当得体的服装，上台进行演讲：“大家好，我是×××，来自××系××班，今天我演讲的题目是‘赓续红色血脉，汲取红色力量’……我的演讲结束了，谢谢大家！”

温馨提示：面向观众站好后，环视全场，微笑着用目光同观众进行交流，再以诚恳恭敬的态度向观众鞠躬行礼，也可以先称呼后行礼，行礼以45度为宜。接着自报姓名、演讲的标题，介绍演讲的题目时先停顿两秒，且要提高音量，放慢速度，抑扬顿挫，以引起观众注意。

各小组分组练习、展示后，各推荐一人上台比赛，演讲比赛评分表如下：

姓名	着装得体仪表大方（2分）	步姿稳健（2分）	站姿端正（2分）	声音响亮语言流畅（2分）	表情生动手势恰当（2分）	得分（10分）

第三课　文明社交　约之以礼

名言集锦

★ 子曰："君子博学于文，约之以礼，亦可以弗畔矣夫！"　——《论语·雍也篇》

★ 子曰："非礼勿视，非礼勿听，非礼勿言，非礼勿动。"　——《论语·颜渊篇》

★ 礼貌使有礼貌的人喜悦，也使那些受人以礼貌相待的人们喜悦。

——［法］孟德斯鸠

★ 礼貌是人类共处的金钥匙。　——［西班牙］松苏内吉

社交能力是衡量一个人能否适应现代社会的标准之一，是一个人是否成熟的重要标志，得体的举止、礼貌的语言可以体现一个人良好的道德修养、文化素质和审美情趣，同学们在社会交往中，应注重社交礼仪，讲究交际艺术。

一、称呼礼仪

日常交往中，称呼是礼仪的开始，是打开沟通大门的钥匙。与人见面打招呼、登门拜访、电话交谈、书信往来时，首先涉及的就是称呼。

在非正式场合，称呼会随着关系的亲近而逐步生活化、随意化，最初认识称先生、女士，熟悉之后称小王、老李、青青、欢欢，或者直呼其名，朋友之间称兄道弟也不足为奇。

在较为正式的场合，对男士尊称为先生，对已婚女性可称夫人、太太，对未婚女士称小姐，如果一时不能辨明是否已婚，可统称为女士。这些称呼前均可冠以姓氏，如李先生、王小姐、张女士等。如果知道对方的职务，可在姓氏后加上职位名，如于经理、冯校长、刘主任等，也可用职业称，如医生、解放军同志、服务员等，还可以用代词称，如您、你，或用长辈称，如张叔叔、李阿姨等。

要注意区分正式场合与非正式场合的称呼，不要将非正式场合生活化、随意化的称谓带到正式场合中。

称呼的顺序

在众人交谈的场合，群体中有年长者，也有年轻人或异性，要注意称呼的顺序。一般来讲，应先长后幼，先上后下，先女后男，先生疏后熟识，先客后主。在一般接待中，应按女士们、先生们、朋友们的顺序称呼。

称呼兼顾长幼的差异，会使年长者受到尊重，年轻人心中坦然；若顺序颠倒，不但会使长者不满，而且被先称呼到的人也会感到尴尬。在一个年龄相仿、身份相近的群体中打招呼时，先称呼女性，会使人们感到你有较高的素养，从而乐于与你交往。

课堂活动

打招呼是人际交往中常用的礼仪，与人见面时主动打招呼是友好的表现，打招呼时称呼得体亲切、用语真诚大方，有利于体现自身的良好素养，营造和谐愉快的交往氛围。

一天，陈楠走进一家饮品店，服务员是一个无精打采的女孩子，她把饮品往陈楠面前的桌上一放，转身就要离开。

陈楠微笑道："小妹妹，你的穿着和这家饮品店的风格非常和谐，所以，我坐在这里觉得很舒服。"

女孩看着陈楠笑了一下。

陈楠说："你一笑，把整个春天都写在脸上了。"

女孩笑得更灿烂了，说："谢谢姐姐，您也笑得很好看啊。"

陈楠称服务员为"小妹妹"，交谈时，语言亲切真诚又热情，令无精打采的服务员如沐春风，像换了一个人，笑容灿烂，甜甜地用"姐姐"对陈楠表示感谢和赞美。在人际交往的过程中，我们若能如此主动热情地与人打招呼，也一定能时时感受到温暖如春风般扑面而来。

请根据不同的情境为自己设计大方得体、主动热情的招呼用语。

具体情境	大方得体、主动热情的招呼语
示例：你在学校舞蹈社团练习跳舞时，见到社团成员小希	小希下午好，你看起来好可爱啊！穿着粉红卫衣，像水蜜桃女孩
1. 早晨，你在校门口遇到身穿新衣服的好朋友	
2. 课间，你在走廊遇到手捧课本、作业本的课代表	
3. 放学回家，你在小区门口遇见对门邻居王叔叔。他刚取快递回来，手里抱着两个大纸箱，气喘吁吁地往家走	

二、介绍礼仪

一般来说，介绍有自我介绍和居间介绍两种。无论是自我介绍或是居间介绍，都应镇定自如、落落大方、音量适中、口齿清晰、语速适当，介绍的内容要实事求是、准确得体，不要言过其实。

（一）自我介绍

1. 自我介绍的内容

在一般的日常交往中，自我介绍的基本内容包括姓名、职务、工作单位、住所、籍贯、出生地、毕业学校、所学专业、兴趣爱好、性格特点等。自我介绍的详略视具体情况而定，场合不同、目的不同，其内容也有所不同。工作式自我介绍的主要内容可包括姓名、工作单位、部门（职务）等，有时也可以加上自己的个人特长、性格等。礼仪式的自我介绍，多用于庆典、报告、仪式等一些隆重且正规的场合，除了介绍自己的姓名、身份等，有时需要加上一些合适的敬语，如尊敬的各位来宾、热烈欢迎、衷心感谢等。交流式的自我介绍，多用于社交、学术、培训等场合，目的是希望对方了解自己，寻求进一步交流以建立联系。这类自我介绍的内容应详细些，可包括姓名、从事的工作、学历、籍贯、爱好、性格等内容。

总体来说，自我介绍要力求简洁，突出重点和个性，时间一般不超过1分钟，职场上的自我介绍有时还可以利用名片、介绍信等加以辅助。

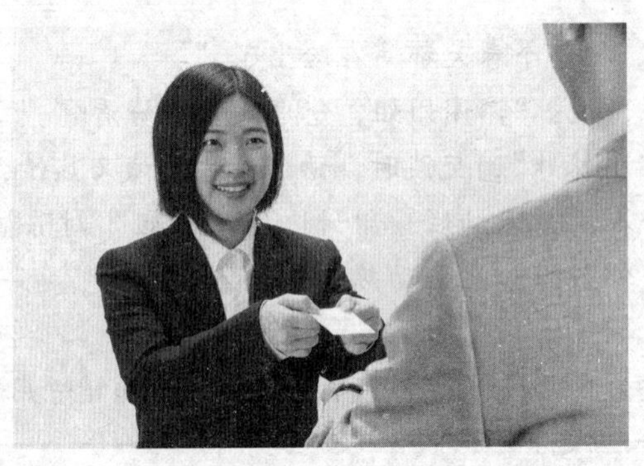

2. 自我介绍的技巧

自我介绍的目的是要给人留下良好的、难以忘却的第一印象，因此，必须讲究语言技巧。

第一，在自报姓名时，为了使对方听清并记住自己的姓名，可以利用诗文、歌词、成语、谚语、谐音等对自己的“姓”和“名”加以巧妙的注释。例如，在见面会上，可以这样巧报姓名：“志向高远，追求卓越，大家好，我是高卓。”或者这样介绍：“大家好，我叫柯菊香，一朵菊花散发着淡淡的清香。”

第二，自我介绍要自信、自谦。对自己的长处要坦然肯定，同时也要留有余地，不要把话说得太满，不宜用“很”“极”等字眼，对自己的不足也要客观介绍。

第三，自我介绍时不妨生动幽默，易给人留下深刻印象。例如，“大家好，我是李天雨，反过来念就是‘雨天里’，是不是很富有诗意呢？希望大家在下雨天能想起我。”

课堂活动

1. 请上台巧报自己的姓名，要求大方自信，声音洪亮，注意仪容、服饰、体态等礼仪。

____

2. 请巧报以下姓名。

（1）叶红______________________________

（2）李慧______________________________

（3）安平______________________________

3. 请根据具体的场景介绍自己。

具体的场景	自我介绍
场景： 央视主持人第一次直播，在央视新闻举办的公益带货直播活动中与网友见面时	大家好。初来乍到，技术不好，手艺不妙，请多关照。
1. 在聚会上结识新朋友时	
2. 参加学校的演讲比赛时	
3. 作为公司新入职员工，第一次与部门同事见面时	

（二）居间介绍

居间介绍是介绍者站在第三方的立场，介绍陌生的双方相互认识并建立关系的一种交际活动。

做居间介绍时先要征得双方同意再引见，以显示对双方的尊重，使人产生亲切感，易于被双方接受。介绍别人时可以先打个招呼：“请允许我介绍你们认识一下。”“我介绍你们认识一个人好不好？”这样双方都有准备，不会感到突然。

1. 居间介绍的顺序

居间介绍的顺序是将晚辈介绍给长辈，将学生介绍给老师，将未婚者介绍给已婚者，将男士介绍给女士，将家人介绍给同事、朋友，将晚到者介绍给先到者，将主人介绍给来宾，将职位低的介绍给职位高的。总之，尊者有优先知情权。

介绍集体，一般是指被介绍一方或双方有多人。其基本规则是介绍双方时，先卑后尊；在介绍其中各自一方的具体人员时，应自尊而卑；若人多，则按由近及远的顺序依次介绍即可。

2. 居间介绍的礼仪

进行居间介绍时要实事求是，语言要准确得体，不要言过其实，不要用抬高朋友地位的方式来显示自己。介绍时，介绍人应注视对方，面带微笑，用语得当，用手掌示意。被介绍的双方应起立，注视对方，认真倾听，一般不要插话，听完介绍后才可微笑应答问候。如听完别人的介绍，可以说："您好，早就听说您的大名了，只是无缘相识。今后还请多多关照。"要记住被介绍人的姓名，切不可刚介绍完，又问对方一句"尊姓大名"。还可与对方握手以示热情真诚。

小知识

握手的礼仪

握手是社交中见面与告别时常用的礼节。握手时要距受礼者约一步远，在标准站姿的基础上，上身稍前倾，肘关节微屈抬至腰部，目视对方，伸出右手，四指并拢，拇指张开，与对方相握或微动一两次即可。握手时应面带微笑，注视对方双眼，神态专注、热情、友好而自然，握手必须用右手，只可上下摆动，不可左右摇晃。当贵宾或老人伸出手来时，应快步趋前，用双手握住对方的手，以示尊敬，还可说些表示热烈欢迎和热情致意的话。

首先伸出手来"发起"握手的是尊者，即年长者、位尊者、女士或主人。握手要坚定有力，通常以3秒左右为好，男女之间握手，女士如不伸手，男士点头致意即可，人多时不能交叉握手，不能戴着手套握手。

三、拜访礼仪

拜访是为了某种特定目的进行的访问、会晤，其基本原则是客随主便。

（一）拜访前

拜访应有约在先，最好选择拜访对象心情好的时候前去。要约定到达的时间、逗留的时间，约定拜访的人数、人员、地点、谈论主题，并如约而至。拜访要选择适当的时机，清晨、吃饭、午休、深夜等时间均不宜登门拜访。如果临时有事不能如约而至，要提前打电话取消约定并向对方道歉。

拜访前要备妥需带的资料或礼物，整理好服饰，做到整洁大方、端庄得体。快到约定地点时可以提前几分钟打个电话，让对方有所准备。

如需挑选礼物，要考虑到对方的职业、年龄、性别、文化修养及性格爱好等，并根据不同的事由选择礼物，如公务拜访时，可选择带有本公司特色的礼物。此外，还要做到所送礼物适合拜访，并进行适当包装。

（二）进门前

要调节情绪，进门热情问候、寒暄，话语有较浓的情绪色彩。若是不速之客，见面应先说："真抱歉，没打招呼冒昧来访，打扰了。"到他人家中拜访，入室前要在门垫上把鞋子蹭干净，若需要换穿拖鞋的，应在门口就换好。雨雪天应把雨具放在门外或前厅，最好用塑料袋装好，以免将雨水、雪水、泥巴带入室内。

（三）进门后

到了被拜访者的办公室门口或家门口，要轻轻敲门或按门铃，即使门开着，也要有礼貌地敲门："请问，屋里有人吗?""请问，某某在家吗?"听到回答后再进入。进屋后，不要马上入座，应保持热情，与室内人员一一打招呼，如果带了礼物，应在见面时拿出来送给对方，并讲明是送给谁的，为什么送礼物。

1. 主动开口

坐定后，可说些关切的话，适时赞美对方，对对方的款待表示感谢，对方招待的茶饮在拜访期间最好喝光。适当寒暄后要主动开口，说明拜访目的，如果是请对方帮忙，应把事情讲清楚，如果对方有困难，不能强人所难。

2. 举止得体

不要乱脱、乱扔衣服，不要翻动对方的书信、报刊、工艺品，不要在对方办公室或家中乱走乱串，若对方请你参观其住宅或种植的鲜花等，应欣然接受并表示赞许。

3. 彬彬有礼

拜访中，如有他人进入房间应起立问候；其他客人告辞时，也要起立相送。交谈中注意认真倾听、兼顾众人，且要节制内容。一般来说，交谈时间以半小时为宜。说话时应降低音量、保持适度，切忌高谈阔论、大声喧哗、手舞足蹈或频繁走动等。

4. 礼让后客

遇到另有来客，应前客让后客，可稍坐一会后起身告辞。

（四）告辞时

要态度坚决，不要“告辞”说了几遍，人还迟迟不动，出门后应请对方留步，对对方的款待表示感谢，可邀请对方择时回访。

案 例

一天上午，公司同时来了两位客人，分别是两家公司的销售人员。第一位销售员无论是自我介绍还是递接名片，都显得彬彬有礼，穿着打扮和言谈举止也显得很有涵养。第二位销售员在接公司主管的名片时，只是扫了一眼，就顺手把名片放进了上衣口袋，而且他穿着随便，言谈举止比较粗俗。最终，这家公司和第一位销售员签订了销售合同。这家公司的主管后来解释说：“第二位销售员缺乏礼仪修养，给人一种不可信的感觉，由此我对他所在公司的产品和售后服务产生了怀疑。第一位销售员则给我留下了很好的印象，我对他们公司的产品和售后服务有信心。”

点评：

得体的礼仪可以使人获得对方的喜爱与信任，会为自己所在的团队赢得赞誉，不得体的言行可能导致失去合作伙伴。第一位销售员正是用良好的礼仪修养为自己和公司赢得了顾客。

讨论：

第二位销售员的哪些表现缺乏礼仪修养？

小知识

赠送礼物的礼仪

1. 要明确赠礼的性质，充分考虑对方的职业、年龄、性别、文化修养及性格爱好等。拜访喜欢书法绘画的朋友，可选择字画、文房四宝等；探望病人可选择水果鲜花、营养品等；给同学、弟弟妹妹赠送礼物，可选择书籍、文具用品等；生日礼物可选择蛋糕、丝巾、领带等。

2. 审美与实用相结合。对方是对美术有兴趣的人，可考虑送他讲究的艺术品；是对文学有兴趣的人，可以送他一部文学名著；是爱好体育的人，可考虑送他既有娱乐性又适合健身的器物等。

3. 暗示作用。有些当面不宜说的话，可以通过礼物把自己的意思婉转地告诉对方。比如互有好感的青年男女，可互赠“信物”。

4. 体现心意，量力而行。同学们切不可选购超出自己经济能力的礼物，要知道礼品的价值不是以金钱来衡量的，赠送礼物的心意体现其价值。

课堂活动

赠送礼物时，一首小诗、一张贺卡、一份自制的小蛋糕也能充分表达我们的情谊。所以，一定要精心选择礼物，并在赠送礼物时注意相关的礼仪要求，让对方充分感受到我们的心意。

1. 请搜索“千里送鹅毛，礼轻情义重”的由来。

2. 说说自己曾经收到的最感动或最开心的礼物是什么。

3. 请分别为家人、老师、朋友精心挑选礼物。

赠送礼物的时机	赠送礼物的对象	赠送的礼物	表达的心意

四、接待礼仪

在日常生活和工作中，接物、递物、打电话、发信息等都能体现出对他人的尊重与友好，体现出自己的综合素养，影响着他人对自己的印象与看法。

（一）接待客人的准备工作

接待客人要讲究待客之道，用心做好准备工作，努力带给客人宾至如归的感觉。

1. 搞好卫生

注意室内外环境卫生，努力营造整洁舒适的环境。

2. 准备好招待客人所需物品

准备茶水、饮料、咖啡、水果、点心等物品时一定要注意卫生，要把杯盘等清洗干净。

3. 安排好住宿、交通等

如果是远道而来的客人，还要安排好膳食、住宿、交通工具等。此外，还可以视客人的具体情况为他们准备好合适的礼物。

案 例

小林的姑姑在北京工作。暑假来临，小林从南方老家乘飞机到姑姑家做客。

飞机很晚才抵达北京，小林又累又饿，便随口说道："要是能吃到北京烤鸭就好了。"姑姑笑眯眯地说："没问题，15 分钟后你就可以吃到香喷喷的烤鸭了。"姑姑知道自己的侄子喜欢吃烤鸭，考虑到飞机很晚才到，小林一路上劳累自不必说，难免还会感到饥饿，便准备了他喜欢吃的烤鸭。姑姑还准备了小林喜欢吃的水果。小林既惊喜，又感动。

点评：

姑姑在侄子小林到达前精心准备了他爱吃的北京烤鸭和水果，惊喜不约而至，令小林感到温暖。这样贴心细致的姑姑谁不爱呢？

讨论：

如果你是小林，你在动身前往姑姑家前，会做好哪些拜访准备，给姑姑一家带去开心和感动呢？

（二）接待客人的原则

接待客人应主随客便，做到热情大方。要站起来面带微笑接待客人，与客人保持友好、热情的眼神交流。

（三）接待客人的引导手势

引导客人的手势应掌心向上，手臂伸直，四指并拢，拇指张开，以肘关节为轴，上身稍前倾，面带微笑，在注视目标方向的同时兼顾对方是否会意。

1. 横摆式

这是“请”的手势，从腰部向右侧伸出右手，约 45 度，望向客人说：“请进!”

2. 斜摆式

这是请对方落座的手势，座位在哪里，手就指向哪里。

横摆式

斜摆式

3. 直臂式

这是引领手势，用手给对方指引方向，手臂沿指引方向伸出，动作与横摆式类似，手臂略伸直。如：“您好，请上二楼。”

4. 双臂式

这是向众多人做出的“请”的手势，先从腰部向右侧伸出右手，再伸出左手。

双臂式

引导客人上楼时，应请客人走在前面，把靠墙的一面让给客人。如果客人不认识路，则在客人的前方一两米处带路，到拐弯处或路况不好的地方，要做出引导的手势提醒客人。

引导客人下楼时，应走在前面，以保护客人。

行走中与客人擦身而过，如果自己不是负责接待的人员，应有礼貌地打招呼，在客人经过时往旁边靠一下，行礼或鞠躬并问候："您好。"

引导客人乘电梯时，门打开后自己先进去，控制好开关后请客人进入，出电梯时应控制电梯门，让客人先出电梯；在电梯里也应照顾好客人，不要背对客人或与客人面对面地站着。

引导客人进门时，应侧身用右手请客人先进去。

（四）接待客人的注意事项

接待客人要热情有礼，谈话要因人而异。

1. 热情好客

接待客人要多用礼貌用语。看到客人应立即放下手中的事情，起身迎接、热情招呼、表示欢迎并可适当赞美对方。迎接对方进屋后，请对方坐下，可为对方倒茶。与对方交谈时，要认真倾听，注意眼神交流。

2. 谈话因人而异

与老年人交谈，应注意语速稍慢，音量稍大；与孩子谈话，则应轻声细语；与文化层次高的人交谈，可文雅些；与文化层次低的人交谈，可拉家常。若客人带来礼物相赠，应表示感谢或婉言谢绝馈赠，也可相应回赠一些礼物。回赠礼物可在客人告辞时送给他，并说明送礼原因。

3. 送客道别

客人告辞时，招待方应等客人起身后再相送。对年长、位尊的客人，应送至大门口，然后握手或挥手道别，目送客人离去。对乘车离去的客人，招待方可送至车前挥手道别，目送车远去后再离开。如果送到电梯口，则要等客人进入电梯，在电梯关门后离开。

客人走后要及时整理环境，桌面、茶几、垃圾桶等要打扫干净。

（五）递物、接物的礼仪

递物、接物时最好用双手，以表示对对方的尊重。递物时文字正面朝着对方，双手呈上。要注意眼神的交流，面带微笑，以适当的方式致意或道谢。

递笔、刀、剪之类尖利的物品时，需将尖端朝向自己或他处，也可握在手中，而不要指向对方；递水果时应清洗干净，去皮切块，放入水果盘中，摆上叉子或牙签。

递送瓶装饮品时，右手托底，左手握在距瓶口 1/3 处。递送茶杯时应将斟好的茶放于客人方便拿取的位置，然后做“请”的手势。

双手递送

课堂活动

1. 两人一组，进行引导客人上楼、下楼、拐弯的练习。
2. 两人一组，进行引导客人进电梯、出电梯的练习。
3. 两人一组，进行引导手势及递接剪刀、饮品、茶水的练习。

五、通信礼仪

（一）接打电话的礼仪

1. 拨打电话

要掌握拨打电话的时机，节假日、清晨、午休、深夜时最好不要拨打电话，选择对方心情愉快、有空时打电话为佳。

拨打电话之前要有所准备，打好腹稿，做到心中有数，以节省时间和提高电话沟通的效率。

通话时长要适中，有话则长，无话则短。通话内容要规范，拨通电话后要先礼貌问候对方，再介绍自己，如单位、所在部门、姓名，接着讲明找何人、为何事，最后道别。

通话时态度要得体，面带微笑，语气要友善平和，语速可适当放缓，音量适中，吐字清晰。若中途掉线，应再次拨打过去解释、致歉。

2. 接听电话

接电话要及时，一般铃响三声之内应接听。

接电话时忌边说笑、吃东西，边接电话。接电话时应对要得体，应先礼貌问候对方，如是办公电话，还应介绍自己，如："您好，这里是××公司××部门，我是××，请问找哪位?"吐字要清晰，语调要热情，并不时给予对方积极的反馈。若对方打错了电话，可礼貌告知。

若要转他人接电话，可对来电方说声"请您稍等"，然后手轻捂话筒，有礼貌地通知应接电话的人。如果来电者要找的人不在，对方询问手机号码时，不要轻易告诉对方。若对方有事请你转告，则应及时做好记录（何时、何地、何人、何事、如何处理）并及时转告。

通话完毕不要急于放下电话，一般位尊者先挂机，挂机前要道"再见"，轻轻放下电话。

（二）使用手机的礼仪

1. 手机的放置

若学校实行"手机入袋"管理，同学们在上课前应主动将手机关机并放入指定的手机袋，下课后记得拿回。

2. 拨打、接听手机

在公交车、影剧院、图书馆等公共场所应侧身轻声接听手机。在与人交谈时，不要看手机。

3. 其他

在公共场所使用手机要注意不要打扰到他人。开会时应将手机改为静音，以示对他人的尊重，避免打断讲话人的思路。用手机播放音乐时最好使用耳机。在医院病房最好不要频繁使用手机，以免影响病人休息。

案例

刘先生到医院探访住院的朋友，公司的同事来电话，铃声让另一床正闭目养神的病人睁开了眼睛。刘先生接起电话就谈上了工作。尽管电话时间不长，但那位被打扰了的病人一直脸色不悦，刘先生的朋友见了，连忙说：“影响您休息了，不好意思啊！”

点评：

在医院病房这样的特殊场所最好不要使用手机，如果有重要事情不得不接听或拨打手机一定要顾及他人的感受。刘先生在探视病人时接听电话，既打扰了闭目养神的病人，也让自己的朋友感到尴尬。这是不尊重他人的表现。

讨论：

请列举同学们在校园生活中见到的使用手机不合礼仪的现象。

尊重他人隐私，最好不要随意借用别人的手机。

使用手机还要注意安全，在公共场所给手机充电时不要让手机离开自己的视线，走路、乘坐电梯、骑车、驾驶车辆时最好不要使用手机，在加油站禁止使用手机接打电话。

使用个性手机彩铃应谨慎，以免令人误会，给生活和工作带来不必要的麻烦。

要保证手机通信畅通。告诉他人手机号码时力求准确无误。如果是口头相告，应重复一两次，以便对方进行验证。若自己的手机改了号码，应及时通知重要的联系对象。

课堂活动

近年来，随着智能手机的普及，生活中出现了很多使用手机时没有注意安全的现象。举例说说使用手机时应注意哪些安全。

4. 收发手机短信

随着手机的普及，收发短信也成为人们日常生活交往中的重要沟通方式。同学们在收发短信时一定要注意细节，体现对对方的尊重和体贴，展现良好的修养。

发手机短信，最好先礼貌称呼对方并问好，可写上姓名，再叙述具体的事情，重要内容可提醒对方“收到请回复，谢谢”。如：“李老师您好，我是贾梓楠，昨晚感冒发烧，需要去医院看医生，想今天上午请假四节课，希望您能批准。下午赶到学校上课时，我把病历本带给您，并补交请假条。谢谢!”

发手机短信要注意时间和场合，不要没完没了地发短信，时间太早、太晚也不要发短信。

编辑手机短信内容要合法、健康，用字用语要规范准确、表意清晰。

祝福短信一来一往足矣，最好不要群发祝福短信，或把别人发来包含有落款的祝福短信直接转发给亲友。

收到短信要及时回复，如果有事没来得及回复，要诚恳地解释。

对于一些重要的事情，在进行电话或当面的邀请或确认后，可适时用短信方式婉转地提醒对方，这比多次打电话进行确认要礼貌。

不要随意转发不确定的消息，收到不良短信可建议或告诫发送者停止发送。

涉及隐私的短信最好及时删除。

（三）使用社交软件的礼仪

1. 使用社交软件收发信息的礼仪

使用社交软件收发信息的礼仪与收发手机短信的礼仪一致，这里不再赘述。

2. 使用社交软件群聊的礼仪

互联网使我们与他人的联系更加方便快捷，我们在使用虚拟的社交群聊时虽然不是面对面地与人交谈，但也要注意自己的言谈合乎礼仪规范，给他人留下好印象。同学们在群聊时应做到：

（1）用语要文明礼貌，处处体现对他人的尊重。

（2）遵纪守法，不散布迷信、谣言，不传播不健康、违法的言论。

（3）在群中收到老师或领导布置的任务要及时回复。

（4）尊重他人的隐私，不要把对方与你私聊的信息公布在群里，不要在群里当众批评他人，可以通过小窗私聊的方式向对方真诚地指出其不足。

（5）对持不同的意见，可以平心静气地讨论，但要以理服人，不要人身攻击，更不要故意挑衅。

案 例

一天，已被高校录取的小林在高中同学聊天群中闲聊。当聊到各自考取的学校时，小林认为同班同学小庆之所以被一所外地不知名的大学录取，是因为他成绩太差，这惹恼了也在群中聊天的小庆，两人当即打起了口水仗。

点评：

与他人交流一定要文明有礼，当与他人语言不合时，应真诚友好地与对方沟通，如果像小林和小庆那样互不相让，为了逞一时之快而恶语相向，可能造成无法挽回的后果。

讨论：

小林和小庆本应该怎样做才能化解这场矛盾呢？

3. 使用社交软件发帖的礼仪

社交软件发帖功能是深受人们喜爱的新型休闲交流方式。它的存在满足了朋友之间的心理沟通和交流需求。同学们在发帖时要注重对他人的尊重和体贴，从细节处体现自己良好的修养，要注意遵循以下礼仪：

（1）每天发帖数量不要太多，切勿频发营销帖，以免刷屏打扰他人。

（2）发帖应该彰显个人品位，应多传播正能量，体现精神文明。

（3）不要转发违法的、不健康的或散布迷信、谣言的帖子。

（4）不要发炫耀性的帖子。

（5）对朋友圈朋友们发的帖子进行点赞和评论应真诚友好、用语文明。

（6）保护自己的隐私，不要发布自己的重要个人信息，如晒火车票、带有自己银行卡号的购物票等图片，以免被他人利用，给自己带来不必要的麻烦。

（四）书信交往的礼仪

虽然现代通信设备很先进，大家丝毫没有“烽火连三月，家书抵万金”的感觉，但书信来往带给人们情感和文化上的意义是任何现代通信设备都比不了的。手捧家人或朋友的亲笔来信，你会感到温馨和感动，因为这是花费一番心血才写成的。

1. 书信的基本格式

书信往来是流传很久的通信方式，其遵循的规范和礼仪也是较多的。写信要用圆珠笔、水笔、钢笔或毛笔，不应用红笔或铅笔，信纸质量要好，不要太薄、太软、太粗糙。

书信由称呼、正文、结尾、署名和日期几部分组成，其基本格式要求如下：

（1）称呼

首行顶格写收信人的称呼，称呼后加冒号，如果关系亲密，称呼前可加上“亲爱的”“敬爱的”等。

（2）正文

第二行空两格写正文，一行结束后要顶格书写。若正文内容较多，可以分段。

（3）结尾

结尾写祝愿或表示敬意的话。“祝”“此致”等词语可以接正文写，也可以另起一行空两格写。“身体健康”“敬礼”等词句另起一行顶格写。

（4）署名和日期

在正文的右下方，分两行写署名和日期。

如果漏写了某些事情，不必涂改或重写，可以在落款下添上几句，往往在这几句下面注明“又及”两字。

亲爱的爸爸、妈妈：

……

祝：

身体健康，工作顺利，万事如意！

爱你们的女儿：小琴

××××年××月××日

2. 信封的书写要求

书写信封时要注意，信封上收信人的姓名和称谓是告诉邮递员这封信的投送对象，寄信人在信封上对收信人的称呼是邮递员对收信人的称呼，而不是寄信人对收信人的称呼。在信封上，一般只写收信人姓名加上“同志”“先生”“女士”等称谓就可以了。

如果是托人捎带转交的信件，应在信封上方偏左的地方，视具体情况写上“请交”“烦交”“面交”“呈交”“专送”等字样。如果捎信人熟悉收信人的地址，就不必写收信人的地址，寄信人的地址一般也省略，只写“××托”或“××拜托”

即可。有时，为了表示对捎信人的尊重和信任，信件内容不涉及公私秘密的，信封可以不封口。

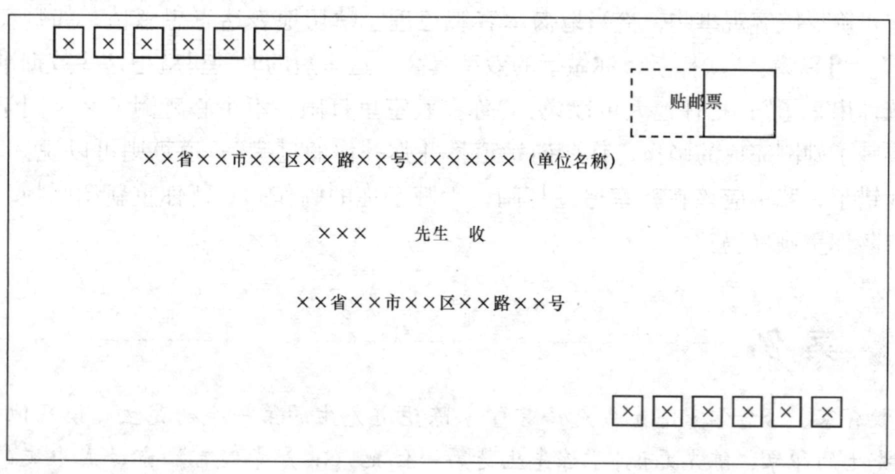

六、交谈礼仪

交谈是一种有来有往的双边或多边的言语和情感的交流活动，是人际交往的最主要手段，一个人的谈吐可以体现他的思想、学识和修养。不善于交谈的人，在人际交往中难免会碰到一些障碍；善于交谈的人，往往能给人如沐春风之感，正所谓“良言一句三冬暖”。无论是在学习生活中，还是在今后的工作中，我们都需要运用交谈的技巧。所以，同学们要强化语言方面的修养，学习、掌握并运用好交谈的礼仪。

（一）交谈的原则

1. 真诚坦率

与人交谈时，要专注认真、诚恳坦率、自然从容、和蔼可亲，使用得体的目光和语调认真地对待谈话。坦诚相见、直抒胸臆，能使人感到亲切自然；虚情假意、言不由衷，则会出现“话不投机半句多”的尴尬局面。

2. 互相尊重

交谈是思想、感情的双向交流，必须顾及对方的心理需求。交谈双方无论地位高低、年长年少，在人格上都是平等的，要尽量少用“我”字，少谈“我”事。不要随便打断别人的谈话；不要随便提问打乱别人的思路；不要随便否定对方的观点和陈述的内容；不要强迫对方当面表态；不要打听他人的隐私，如履历、工资收入、家庭财产、婚姻状况、衣饰价格、生理缺陷等；不要抢白别人；更不要说有损对方人格和尊严的话。

（二）交谈的技巧

1. 言之有物

交谈的双方都想通过交谈获得知识、拓宽视野、增长见识、提高水平，增进与对方的思想和感情交流。因此，交谈要有观点、有内容、有内涵、有思想。我们在交谈时，讲述的内容应具体而充实，要明确地把话说出来，将要传递的信息准确地传递给对方，正确反映客观事物，恰当地揭示客观道理，贴切地表达思想感情。如赞美对方“很棒”，可以说：“太棒了，你做事的效率真高，这么短的时间里就把这些数据准确无误地统计出来了”；批评他人可以说：“你在教室里打闹，不小心碰倒了××同学的画板，弄脏了她刚完成的画作，你要向她道歉并弥补你的过错”；道歉则可以说：“对不起，我错了，我不应该在教室追逐打闹，弄脏了你的画作。我帮你重新调画板，准备画纸，陪你重画好吗？”

案 例

教育家、修辞学家陈光磊是语言学家陈望道先生的第一个研究生。谈及他对陈望道先生的印象，陈光磊说：“陈先生是第一位把《共产党宣言》翻译成中文的人，担任过《辞海》的总主编，是个实实在在的大书生、大文人。”他告诉记者，当年他报考了陈先生的研究生后就后悔了，因为之前他曾发表过一篇驳斥陈先生学术观点的文章，然而让他意外的是，陈先生非但没有因此介怀，还录取他作为自己的第一个研究生。陈光磊说，直到现在，想起这个事，内心就会觉得很温暖。

点评：

谈及人物，有的人总会说这个人的头衔、成就、人品之类的话，这种泛泛的交谈很难给对方留下深刻印象。而陈光磊通过叙述自己的亲身经历，将陈望道先生爱护青年学生的胸怀表现得生动具体，令人感动。

讨论：

请结合具体细节和事例，说说你对同桌的印象。

2. 言之有序

交谈要有逻辑性、科学性，要善于根据交谈的主题和中心设计说话的次序，安排说话的层次，思想要清晰，内容要有条理，布局要合理。

3. 言之有礼

交谈时要讲究礼节礼貌，态度要谦逊，语气要友好，内容要适宜，多使用“请”“谢谢”“您”“不好意思”等礼貌用语。谈到自己时要谦虚，谈到对方时要尊重，努力营造和谐信任、亲切友善、轻松愉快的交谈气氛。

（1）认真专注

交谈的双方要互相正视，互相倾听，并适当以微笑、点头，做出积极友好的回应，在适当的时候发表自己的看法；如果出现交谈双方目光对视的情况，不要躲闪。在对方讲话时，不要东张西望，或同其他人说笑，或总是看手表、玩手机，或面带倦容、哈欠连天等，这些动作显得听话者心不在焉、极不耐烦；伸懒腰、玩弄手指、活动手腕、修剪指甲、双手插在衣袋里等动作则显得傲慢无礼，对讲话人不尊重。

小知识

眼睛是心灵的窗户

眼神是眼睛的神态，在人际交往中通过眼神的交流可传递各种信息。一个人的态度和心情往往会通过眼神自然地流露出来。所以，在与人交流时要注重眼神的交流。

在人际交往中，一个人的目光应是坦然、亲切、和蔼、有神的，目光应注视对方，通常注视对方的时间占交流时间的1/3～2/3。如果与人交谈时心不在焉、东张西望，或由于紧张、羞怯不敢正视对方，会让人觉得你不礼貌或不够热情。与对方进行眼神交流时，盯着对方身体的某一部位看是不礼貌的，视线移动主要集中在对方脸部范围内。最佳的视线位置：以双眼为上底线，到唇部中央构成一个倒三角形。这种视线的特点是亲切温和，能营造一种融洽和谐的气氛，让对方感到平等舒服。

案例

某公司遇到一位脾气火暴的客户，这位客户对公司的工作人员破口大骂，还威胁说要进一步投诉。于是，公司派了一位善于倾听的客服人员去会见这位客户。客户一见到客服人员就大声训斥他，并抱怨该公司的服务不到位，而这名客服人员只是静静地倾听，不时记一些笔记，又连续两次上门听他诉说不满。就在客服人员再次上门时，客户的怒气已消，最终打消了投诉的念头。

点评：

这位客服人员耐心地倾听客户的训斥、抱怨和不满，体现了对客户的充分尊重，使客户深受感动，心中怨愤渐消，冷静下来后也通情达理了，正是客服人员的倾听顺利化解了客户与公司之间的矛盾。

讨论：

生活中你遇到过这种脾气火暴的人吗？当对方暴跳如雷时你是如何回应的呢？

(2) 周到体贴

讲话时要注意别人的情绪，顾及他人的感受，既不能只顾自己滔滔不绝，也不能太过沉默。交流中应该适当对对方表示关注，积极寻找与对方有关或对方感兴趣的话题，避免冷场。谈话现场超过三个人时，要适时照应所有在场的人：不时地与较少参与谈话的人进行一些语言或眼神的交流；主动与想和自己说话的人交谈；他人若想参与谈话，应点头示意，表示欢迎；欲加入他人的谈话要上前打招呼。尤其需要注意的是，同女士们交谈要礼貌而谨慎，不要与其中某位女士交谈时间过长。

(3) 恰当得体

与别人交谈时，除非对方要求你谈谈自己的事，否则不要老是以自我为中心，更不能总是自夸，一味地表现自我，这容易令他人反感。不能使用粗俗不雅的字眼，要恰当地运用敬语和自谦语。夸奖他人要真诚、恰如其分，不要违心地恭维他人。受到别人夸奖时既不能得意，也不能过分谦虚，应礼貌致谢。对自己不知道的事情，不要充内行。

案例

南朝宋齐间有个书画家叫王僧虔，是王羲之的族孙，他的楷书、行书等继承祖法，造诣很高。一天，齐高帝萧道成和他比试书法高低，君臣二人都认真写完了一幅字。写毕，齐高帝问王僧虔："你说，谁为第一，谁为第二？"王僧虔不愿贬低自己，但又不愿得罪皇帝，怎么办呢？他稍作思考，回答说："臣书，臣中第一；陛下书，帝中第一。"

点评：

王僧虔的回答十分巧妙得体，将臣与帝的书法比赛分为"臣组"和"帝组"，说皇帝的书法是帝中第一，既满足了皇帝的冠军欲，又维护了自己的荣誉和品格，使皇帝更敬重自己的风骨，觉得自己不是阿谀奉承之人。

讨论：

在与人交谈时，听到对方过分恭维你，你的感觉如何？

（4）平和谦让

和谐的谈话气氛能使交谈双方感到愉快，但观点不一致和意见有分歧的情况也常见。如果遇到分歧，可用商量、讨论等缓和的方式与对方沟通，不要固执己见、得理不饶人。不可当众批评他人，使对方陷入尴尬、窘迫的境地；也不要激化矛盾，使双方争执不下；更不能讥笑、讽刺他人，伤害对方的自尊心，使对方产生抵触情绪，导致交谈无法继续进行。在社交场合，应尽量避免容易引起争执的话题。最好能多传递一些正能量，少抱怨，少发牢骚，在对方心情不愉快或情绪激动时，不妨风趣幽默些，缓和紧张的气氛，消除对方的不快。

案例

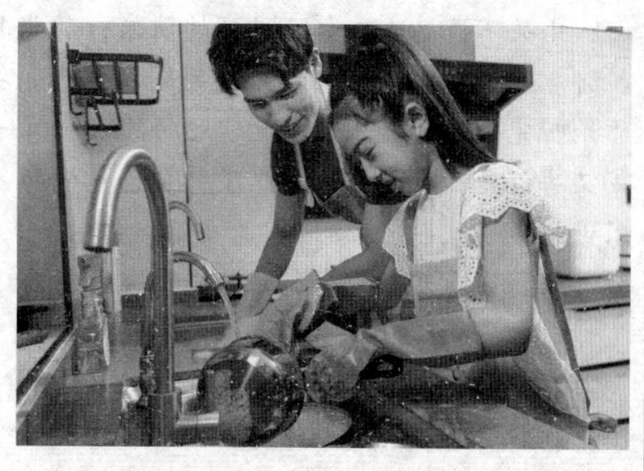

简蓉是一位贤妻良母，心灵手巧，十分能干。她每天早早起床为一家三口精心准备丰盛的营养早餐，花样翻新，美味可口，老公对她赞不绝口，总是乐呵呵地带着女儿主动收拾、洗碗、擦桌子。一天早上，简蓉见老公盘子刷得不干净，桌上还有碗和盘子没收，于是生气地责怪道："我每天为你们换着花样做早餐，你们洗几只碗还要打折扣啊！"老公听了，立即冲10岁的女儿叫道："闺女，快，趁你妈妈的小宇宙爆发之前，快把桌上那几只碗和盘子拿过来，咱俩把碗洗了！"简蓉一听，顿时乐了，心中的怨气一扫而光。

点评：

简蓉的老公在妻子生气时，只用了一句轻松幽默的话就令妻子怨气顿消，解除了“警报”，令家中气氛轻松而愉快。

讨论：

如果简蓉的老公对妻子回以“我能洗碗就不错了，嫌我洗不干净你自己洗啊”之类的气话，事情将会如何发展呢？

（5）亲切动听

与人交谈时要力求从音调、吐字、音量、语速等方面表现出亲切动听。说话时要注意音调的高低变化，不要长时间保持同一语调，否则会使人感到单调；还要注意口齿清楚，不要有太多尾音，停顿要恰当，要根据听者距离的远近适当控制自己的音量；说话的速度也要适中，在主要的词句上要放慢速度加以强调，在非重点内容上可以稍稍加快速度；说话的音量和音调要随着内容和情绪的变化而变化。

（6）真诚友善

翻译家傅雷说：“一个人只要真诚，总能打动人的；即使人家一时不理解，日后仍会了解的。”与人交谈时，我们要真诚地将自己置身于平等、谦和、友好的交谈氛围中，想对方之所想，言对方之所言，尊重他、关心他，注意言辞，力戒空话、套话和大话。以诚待人者，人亦以诚回应，彼此的心灵开放，才能为交谈注入新鲜活力。

案 例

小关不情愿地接受了同事的请求，替代其完成工作，却因数据错误被领导严厉批评。她抱怨同事不认账、领导冤枉自己，担心因此影响自己的职场前途。安迪耐心地听完她的哭诉，告诉她“聪明的人应第一时间解决问题，把损失降到最低”，继而又告诉她如果她真的失业了，自己愿意推荐新的工作给她，因为她“很认真，能够做好事情”，并鼓励她“需要改掉你的一点点娇气”。小关破涕为笑，决心重新振作起来。第二天，领导看到小关的检讨书时，露出了微笑。

点评：

在职场新人小关工作受挫向好朋友安迪哭诉时，安迪通过耐心地倾听、直言告诫、温柔劝导、真诚赞美、热情鼓励，令小关茅塞顿开、信心倍增。小关对安迪充满了感激，两人因此更加亲密。

讨论：

思琪在学校校园歌手大赛中因感冒影响了发挥，屈居第二名，心里很难过。作为好朋友，你想对她说些什么呢？

（7）表情恰当

表情指人表现在面部或姿态上的思想感情。人们通过表情来传情达意，表情在人与人的交往中占有相当重要的位置。

无声信息，包括人的表情、手势、眼神、穿着、打扮等，其中以站、坐、走等人体语言最为重要，表达意思也最为丰富。在与人交谈时，一个人的表情主要是通过眼神和微笑体现出来的。所以，同学们在与人交谈时，除了要注意与对方有恰当的眼神交流外，还要注意保持微笑。

微笑是指嘴角两端略提起、不出声的笑。微笑是人们良好心境的表现，是内心真诚友善、心底坦荡的表现。在人际交往中，微笑能强化有声语言的内容，增强交际效果，还能与其他肢体语言配合代替有声语言。亲切自然的微笑应是发自内心的，它应渗透着自己的情感，表里如一地缩短双方的距离。

如果同学们能在与他人交谈时讲究方法和礼貌，相信一定能使你的谈吐更高雅，更有风度，使你更有亲和力。

日常生活中的礼仪要求有很多，我们一定要严格要求自己，处处讲究礼仪，规范自己的言行，体现良好的文明素养，成为深受社会欢迎和他人喜爱的有礼之人。

小知识

与人交谈如何选择合适的话题

与人交谈时选择一个合适的话题十分重要，要善于寻找双方都感兴趣、都有话可讲的话题，避免冷场的尴尬。如果面对的是一个陌生人，怎么才能找到共同话题呢？

一是察言观色，寻找共同点。一个人的精神状态、兴趣爱好或多或少会反映在他的谈吐、服饰、举止等方面。我们通过观察可以进行大致的猜测，从而找到共同话题。

二是主动交流，寻找共同点。如果两个陌生人坐在一起，一定要有人先开口才能打破僵局。可以从谈天气、问籍贯、谈论时事新闻等方面入手，逐步深入，进而找到共同话题。如新生报到时，可以首先开口，试着用“同一个班级”“同一个宿舍”等话题拉近与同学的距离，减少陌生感。

七、涉外礼仪

涉外礼仪是指在长期的国际交往中，逐步形成的外事礼仪规范，也就是人们参与国际交往时所要遵守的习惯做法。随着我国社会主义市场经济的迅速发展和人民生活水平的日益提高，我们与外国人的交往也日益增多。

案 例

导游小王曾接待一位来华旅游并参加短期汉语学习的老奶奶。见面时小王对老人家说：“您这么大年纪了还到中国旅游、学习，可真不容易啊！”老人家听了却很不高兴：“是吗？你认为老人出国旅游是奇怪的事情吗？”小王十分尴尬。

点评：

小王出于礼貌想称赞老人家，结果却事与愿违，原因在于西方人对年龄、对“老”的忌讳，“您这么大年纪了”这句话让老人家很不开心。

讨论：

你有过涉外交往的经历吗？你知道在涉外交往中要注意哪些问题吗？

在涉外交往中，遵守一定的规则是非常重要的。掌握基本的涉外礼仪，不仅有利于塑造个人的良好形象，更有利于维护国家的形象。

（一）涉外礼仪应遵循的原则

涉外礼仪应遵循的原则中有一些与日常礼仪类似，有一些需要特别关注。

1. 热情有度

同外国人进行交际应酬时，对待对方既要表现得热情友好，又要把握好热情友好的分寸。

2. 入乡随俗

在涉外交往中要尊重对方独有的风俗习惯。当自身作为东道主时，通常讲究“主随客便”；而当自己是客人时，则又讲究“客随主便”。

3. 尊重隐私

在国际交往中，凡涉及收入、年龄、婚恋、健康状况、政治信仰等内容均属个人隐私，不应询问。

4. 信守约定

在涉外交往中，要认真遵守自己的承诺，做到“言必信，行必果”。

5. 女士优先

尊重照顾女士，女士优先是男士的美德。

6. 遵守礼宾次序

在涉外交往中要做到按照国际惯例进行排序。常用的排序方式有以下三种：一是按外宾的身份与职务的高低排列；二是按参加国国名的字母顺序排列；三是按组成代表团的日期先后顺序排列。

（二）馈赠礼仪

在涉外交往中，有时要互赠礼品。我们要掌握赠送礼物的礼仪，使涉外交往顺利友好，锦上添花。

1. 礼品的挑选

常言道，礼轻情意重。因此在选择礼品时，可以挑选一些物美价廉，具有一定纪念意义、民族特色，或具有艺术价值，或受礼人喜爱的小纪念品、食品、花束、书籍、画册等。选择礼品要考虑受礼人的爱好、兴趣，还要注意对方的宗教信仰、风俗习惯，了解对方的忌讳，有的物品在这个国家很受欢迎，到另外一个国家则可能并没有好的寓意，因此，要根据不同国家、地区的习惯与个人的喜好选择礼品。

案　例

某旅游团曾接待过意大利商务访问团，在安排客人游览完美景后，赠给客人带有地方特色的菊花图案的手帕，不料一番好意却令客人颇为不快。

点评：

意大利人忌讳菊花，因为菊花是用于葬礼上的，他们忌讳以手帕为礼送人，认为手帕是擦泪水用的，是一种令人悲伤的物品。所以，将有菊花图案的手帕送给意大利客人是失礼的。

讨论：

请你为自己的德国外教精心挑选一份礼物，在他回国之际送给他。

2. 馈赠的方式

涉外交往中馈赠礼物，不仅要重视礼物的选择，还要注意赠送礼物时的方式。

一是要重视礼品的包装。赠送的礼品要用礼品纸包装。即使礼品本身装在盒子里，也要另加包装，然后用彩带系成漂亮的蝴蝶结、梅花结。同时不要忘记撕下写有价格的标签。还要注意的是，在礼品包装的色彩、图案、形状、彩带系法等方面考虑尊重受礼人的风俗习惯。

二是要把握送礼的时机。礼物一般应当面赠送，但有时参加婚礼等，也可预先送去。祝贺节日、赠送新年礼物，可请人送上门或邮寄。这时应随礼品附上送礼人的名片，也可以手写祝贺词，装在大小相当的信封中，信封上注明受礼人姓名（不写地址），贴在礼品包装的上方。请人代送礼物，要先和受礼人打好招呼，并确认礼物是否及时收到。

三是要把握送礼的具体情况与场合。一般应邀赴私人家宴，应给女主人带些小礼品，如土特产、小艺术品、纪念品、食品、水果以及鲜花等。家中有小孩的，还可送糖果、玩具、图书等。应邀参加婚礼，除艺术品外，还可赠送鲜花以及实用物品等。探视病人可根据具体情况，送些对病人有益或病人喜爱的食品、鲜花等。出席官方或民间组织的酒会、招待会、较大的宴会等，则可不必送礼，必要时只是送花篮、花束等。送花时应考虑到花的寓意、颜色及数量。有多方外国友人在场的情况下，送礼要避免厚此薄彼。

3. 礼物的接受

当面受礼时，应双手接受礼品，握手并感谢对方。有些国家的习惯是当面打开包装，欣赏一下礼品。有时送礼人还可对礼品作一些介绍说明。收到送来的或邮寄的礼品，应回复一张名片或亲笔信表示感谢，也可打个电话以表谢意。

（三）出国旅游礼仪

随着人们生活水平的不断提高，选择出国旅游的人越来越多。出国旅游时同学们代表的是中国人，所以应该十分注意自身的礼仪与形象。

1. 衣

在出国旅游时，西服笔挺，打上领带，穿硬底皮鞋，这样穿着完全没必要。在国外，员工上班时以及正式会议、商务谈判等场合一般穿正规西服、打领带，但他们在正式场合以外，尤其是外出旅游时，则穿休闲服装着软底鞋。

2. 食

出国旅游，经常会吃自助餐。吃自助餐时应注意：取菜要按一定的顺序；每次取菜时，不必堆成满满一盘，最好分若干次去取；取食要量力而行，不要浪费；不要拿吃完的空盘再去取菜。

3. 住

办理入住手续时，不可在酒店大堂内大声喧哗。如有服务员把行李送至房间，除了表示感谢外，还应给小费。客房内电视音量切不可太大，以免影响他人。要注意保持公共卫生。

4. 行

出国旅游一定要注意遵守交通法规。有的国家规定，只要有人踩上斑马线，汽车必须停下来让行人先走。有些游客不了解这一规定，已经站到斑马线上，还做手势让汽车先走。

思考与练习

1. 简述称呼的顺序和居间介绍的顺序。
2. 请在学校联欢晚会上进行唱歌表演时为自己巧报姓名。
3. 拜访前应做好哪些准备？
4. 接待客人应做好哪些准备？
5. 如何引导客人上下楼梯和乘坐电梯？
6. 简述交谈的原则和技巧。

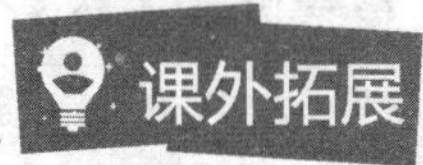

看不见的教养

（有删改）

张燕峰

前些天，跟同事一起乘火车到苏州出差。每到一站，列车员都要清理卫生，同事每次都主动把桌子上小铁盘里的果皮纸屑倒进列车员手中的黑色塑料袋子里（尽管那些杂物大多与她无关)，从没有憎嫌那个黑色大袋子里散发出的难闻气味。临下车的时候，她起身，把座位上和靠背上的套布整理得平平整整，那一丝不苟的表情，好像在举行一个神圣的仪式。

我不解地问："你马上就要下车了，还管那么多干什么?"她笑着说："我下车了，马上就会有人坐到这里，为了让别人看着舒服些。"

到苏州后，我们来到一家快餐店，吃完饭后，她把那些不可回收的垃圾放在一个托盘里，并且用餐巾纸盖上，而把碗碟和玻璃杯子整理好，放在另一个盘子里，等到服务员过来收拾餐桌的时候，她端起那只盛垃圾的托盘，以45度角倾斜倒进桶里，一点都没有洒到服务员的身上。服务员没说话，但从她骤然之间变得明亮、温柔的眼神和嘴角隐隐的笑意中，我体会到了她心底荡漾着感激的涟漪。

我们办完事，准备离开宾馆时，她再次把床铺做了整理，把屋子里的一切都一一归位。我担心误了火车，提醒她宾馆的服务员会收拾的。她依旧有条不紊地做着，她说："试想一下，如果房客把房间弄得乱七八糟，势必增加了服务员的负担。现在，咱们把房间收拾整洁干净，她心里一定会想，这个房客真是一个有教养的人。那样她会忘记工作的辛劳，心情一定会愉悦起来的。"

一路颠簸，我们终于平安回来。她开车送我回家，正是雨后，路面上积了不少水，行人们提着裤脚，小心翼翼地绕着积水走，生怕溅到衣服上。从积水的地方经过时，她每每放慢车速，缓缓驶过。我注意到路边的行人，他们都对这辆车报以微笑，那是发自内心感激的笑。

从苏州回来很久了，但回想苏州之行，觉得那真是一段妙不可言的旅程，好像有一朵洁净之莲在心底悠然绽放，芬芳无比。

是的，同事所表现出的点点滴滴，并不是刻意为之，而是不经意间的自然流露。难怪，她无论走到哪里，都会大受欢迎，每一个与她有过交集的人都深感幸运。她总是设身处地地为别人着想，把对他人的体恤和关怀发挥得淋漓尽致，让在茫茫人海中匆匆奔波的人们，得到一种被尊重的满足、一种被体贴的温馨。

看不见的教养，就像一朵清新出尘的莲花，沁人心脾；就像一股浅浅的山泉，清凉澄澈；就像一缕煦暖的阳光，明媚亮丽。看不见的教养，很朴素，但总闪烁着动人的光芒，给我们的生活带来更多的美好和感动。

感悟

在社会交往中，真诚友好的态度和言语不仅体现着对他人的尊重，也体现着自身的良好修养。同学们应该时时注意严于律己、宽以待人，用良好的礼仪修养来表达对他人的尊重、友好、敬佩与善意，增强相互间的了解和信任，以获得和谐、美好的人际关系。

行动

1. 请设计具体情境，将你的一位好朋友介绍给你的父母。

(1) 你要介绍的好朋友：________________

（2）你设计的情境：＿＿＿＿＿＿＿＿＿＿＿＿＿＿＿＿＿＿＿＿

（3）你会这样介绍：＿＿＿＿＿＿＿＿＿＿＿＿＿＿＿＿＿＿＿＿

（4）请你为好朋友和你父母设计见面时的寒暄语：

＿＿＿＿＿＿＿＿＿＿＿＿＿＿＿＿＿＿＿＿＿＿＿＿＿＿＿＿

＿＿＿＿＿＿＿＿＿＿＿＿＿＿＿＿＿＿＿＿＿＿＿＿＿＿＿＿

＿＿＿＿＿＿＿＿＿＿＿＿＿＿＿＿＿＿＿＿＿＿＿＿＿＿＿＿

＿＿＿＿＿＿＿＿＿＿＿＿＿＿＿＿＿＿＿＿＿＿＿＿＿＿＿＿

2. 两人一组，自行选择一位拜访对象（学校领导、老师、同学或宿舍管理员等），完成一次校园拜访，邀请拜访对象合影，上台展示合照并说说此次拜访的体会。

3. 以小组为单位，根据以下内容上台进行情景再现或拍摄成视频在课堂上播放，请同学们评议：烟雨蒙蒙，你的妈妈来学校给你送衣物，并拜访班主任李老师，李老师热情地在办公室接待了你们。

情景再现时要求包含拨打电话、拜访、居间介绍、接待、递接名片、倒茶、道别等内容，并使用相应的引导手势。

4. 请在某个节日来临之际，分别为自己的爸爸妈妈编辑一条温馨的祝福短信：

（1）＿＿＿＿＿＿＿＿＿＿＿＿＿＿＿＿＿＿＿＿＿＿＿＿＿＿

＿＿＿＿＿＿＿＿＿＿＿＿＿＿＿＿＿＿＿＿＿＿＿＿＿＿＿＿

（2）＿＿＿＿＿＿＿＿＿＿＿＿＿＿＿＿＿＿＿＿＿＿＿＿＿＿

＿＿＿＿＿＿＿＿＿＿＿＿＿＿＿＿＿＿＿＿＿＿＿＿＿＿＿＿

第四课　五彩生活　礼仪做伴

名言集锦

★ 人人亲其亲，长其长，而天下平。——《孟子·离娄章句上》

★ 老吾老，以及人之老；幼吾幼，以及人之幼。——《孟子·梁惠王章句上》

★ 礼尚往来，往而不来，非礼也；来而不往，亦非礼也。——《礼记·曲礼上》

★ 德业相劝，过失相规，礼俗相交，患难相恤。——《吕氏乡约》

★ 尊重是一道栅栏，既保护着父母，也保护着子女，使父母不用忧愁，子女不用悔恨。——［法］巴尔扎克

生活礼仪是人们在公共生活和相互交往中约定俗成、普遍遵循的基本行为规范，涉及个人在家庭、邻里、公共场所等方面的人际交往中言谈举止、待人接物的具体规则和惯用形式，体现了一个人的文明素养。

一、家庭礼仪

家庭是人生的第一个课堂，是社会的细胞，是构成社会的基本单位。家庭环境是我们每个人接触的第一个环境，是行为习惯养成的第一个场所。自古以来人们就十分重视家庭的和谐稳定，《易经·家人》中说："正家而天下定矣。"家庭礼仪指的是人们在长期的家庭生活中逐渐形成的行为准则和礼节。

有同学说："每天都与家人相处，亲人之间的关系很密切，难道也用得着客套，用得着讲究礼仪吗？这会不会是假客气呢？"很多同学都清楚，在人际交往中，用礼貌的态度待人、讲礼貌的话是很有必要的，他们也会自觉地注意礼仪修养。但是对自己的家人或熟悉亲近的人，他们认为似乎没有讲礼仪的必要。这种观念当然是错的。在家中讲礼仪是对家人真心诚意的尊重，也更有利于家庭的幸福和睦。

父子和而家不败，兄弟和而家不分，妯娌和而争论息，夫妇和而家道兴。和睦是家庭幸福的关键。如果我们每个人与家人都能互相体贴关心，彼此宽容体谅，处处以

礼相待，那家庭生活一定会充满温暖和欢笑。

（一）与父母相处的礼仪

1. 对父母谦恭有礼

在家里，子女向爸爸妈妈勤问候，是尊重和体贴他们的实际表现。爸爸妈妈工作劳累之余，如果能得到你一个充满爱意的问候，那么，他们的疲惫、烦恼，甚至病痛，都会在你像春风一般的关心中消失。

看到父母进出家门要主动打招呼，接送父母手中的物品并道一声辛苦，送上一句问候："妈妈您回来了，辛苦了，外面很冷吧？我帮您倒一杯茶暖和暖和吧！""爸爸再见，下班后早点回家！"

上学、放学进出家门时，要告知父母。需要外出，要说清出行目的并征得父母同意。每次外出回到家，要及时和父母打招呼："爸、妈，我回来了！"主动向父母叙述有关情况。在外留宿或留同学在家住宿，请同学好友来家里聚会，都要征得父母同意。

早上起来时，一声问候不能省略："爸爸，早安！""妈妈，早上好！"晚上睡觉前，也别忘了向父母说："妈妈，睡个好觉！""爸爸，时间不早了，早些休息吧，晚安！"

要尊重体贴父母，应特别珍爱、保护父母的纪念物及兴趣所系之物，那是他们奋斗历程的见证、真挚情感的寄托。

2. 主动承担家务，多做力所能及的事

同学们在家里要经常主动承担清扫房间院落、择菜洗菜、洗衣洗碗等家务，掌握一些诸如做饭烧菜、维修、田间耕作等劳动技能，做父母的好帮手。这既能使父母备感欣慰，也能让自己获得劳动的快乐、成长的幸福，提高生活能力。

3. 注重和父母沟通，尊重理解父母

同学们要加强与父母的沟通，经常主动将学习、生活、思想等方面的情况告诉父母，让他们分享自己的喜悦，帮助自己消除成长的烦恼。在自己生日等特殊日子里，请父母讲讲自己成长中的故事。如果是在外求学，要经常和父母保持联系，汇报自己在校的表现，关心他们的工作情况、身体状况。

和父母谈话时要平心静气、耐心认真地倾听，虚心接受父母的意见和建议。当父母和自己的意见不一致时，不要当面顶撞、争吵。如果是父母不对，可以寻找适当的机会，当面或以电话、短信等恰当方式耐心分析、解释。不要向父母发脾气，甚至呵斥、责骂父母。

要了解家庭的经济状况，体贴父母挣钱不易，理性消费。当自己提出的要求父母没有答应，特别是当我们只是试探性地提出要求让父母感到为难时，要体谅父母，不要任性地强迫父母竭力满足自己。

作为子女，同学们还要充分理解父母在家庭、社会中的多重角色，体谅他们在生活工作中的艰辛和困惑，体谅他们在家中的感情起伏、情绪波动。当他们在工作中遇到困难感到疲惫劳累时，我们要及时给予安慰和关心。

课堂活动

马克·吐温在一篇文章中写道："当我 7 岁时，我感觉我父亲是天底下最聪明的人；当我 14 岁时，我感觉我父亲是天底下最不通情达理的人；当我 21 岁时，我忽然发现我父亲还是很聪明的。"

1. 在你的日常生活中，有过和马克·吐温 14 岁时相似的想法吗？

2. 你近来和父母在哪些问题上产生过分歧？你和父母分别持什么观点？

3. 同学们若能认识到父母和自己之间存在着思想认识、生活阅历、思维方式、处事方式等各方面的差异，就能在争端发生时试着从父母的角度理解他们对自己的关心，就能学会换位思考并进行积极沟通，真正做到尊重父母。

请填写表格。

我与父母争执的问题	父母的观点	我的观点	换位思考、积极沟通可以这样做
示例：父母催我早起上学	快迟到了！你就不能早点起床？总是不听话，做事拖拖拉拉，让我们担心	我上学从没迟到过。你们总是看不惯我，这不是还来得及吗？你们的担心真是多余！真烦人	爸、妈，不好意思啊，是我不好，这种小事还要让你们费心。我知道你们很关心我，以后我会努力早起
1.			
2.			
3.			

4. 利用适当时机，表达对父母的关爱

同学们要关心父母的健康，当爸爸妈妈生病的时候，要陪同他们上医院，在端药送水的同时，时时加以安慰：“爸爸，您身体好些了吗？好好休息，很快就会好的。”“妈妈，您想吃点什么？我去买。您放心歇着，家务活我会干。”过新年时，在向同学、亲友祝颂的同时，可别忘了对自己的父母深情地说一声：“爸爸、妈妈，新年好！”

不善于向父母表达内心的关爱，是很多人共同的苦恼。其实，生活中当我们习惯了真诚、坦然地向父母说“我爱您”“谢谢您”时，我们会发现，因为爱的流露和表达，我们会与父母建立更加快乐、亲密、幸福的关系。

每逢父母的生日，给父母发条短信，打个电话，主动给一个热情的拥抱，或者送上一件小礼物，如丝巾、太阳镜、唇膏、护手霜、鲜花、蛋糕、茶杯、木梳等，或写一封充满浓浓爱意的书信，精心烹制一桌美味，亲手制作一张贺卡，献上深切的祝福：“祝亲爱的爸爸工作顺利，事业成功，永远帅帅的！”“祝妈妈生日快乐，永远年轻漂亮！”这些会让爸爸妈妈感到无比的温暖、欣慰。

外出旅游时或拿到自己在课余时间通过实习等获得的劳动报酬时，要记得为父母精心选购合适的礼物，以表达对他们的感谢，这会令他们感到惊喜和感动。

（二）与家中老人相处的礼仪

家中的老人含辛茹苦地养大了我们的父亲、母亲。没有他们，便没有我们的爸爸妈妈，更没有我们。所以，我们应该孝敬他们，对他们应特别讲礼貌。要依照对待父母的礼仪要求，对家中的老人尽心孝敬，还要特别注意满足他们随着年岁增高而更加强烈的自尊、依赖、求助需求，给予他们更多的关心、肯定和尊重。

老人年纪大了，走动不便，我们对他们要给予特殊的照顾：放学回家后，应该先到他们的房间问候，帮助他们做些小事，或说一些校园里的见闻，耐心地教他们用手机发短信等；吃饭时，应先扶他们入座，为他们盛饭夹菜；睡觉前为他们铺床盖被放蚊帐；在他们走动时可上前搀扶，在上楼、进电梯时更要精心关照；节假日陪他们说话解闷，逛公园、访亲探友；老人生病时，主动为他们煎药、喂药，问寒问暖；与老人交谈时要耐心倾听，不要顶嘴；在老人生日、节假日，要向他们表示问候和祝福，精心挑选他们喜欢的水果、零食，这些都会让他们特别开心和满足。

（三）与兄弟姐妹相处的礼仪

兄弟姐妹多是同龄人，朝夕相处，要做到处处符合礼仪，并不是一件容易的事。

在家里，如果你是哥哥或姐姐，应努力做到：时时处处以身作则，多干家务，努力成为父母的得力助手；遇事要宽宏大量，不与弟弟妹妹斤斤计较，更不要随意指挥他们干活；当弟弟妹妹求教或请求帮忙时，应耐心解答和帮助；弟弟妹妹有错时，不要在父母或他人面前斥责他们，以免伤害他们的自尊心，更不能经常在父母面前告状而引起他们的反感；万一与弟弟妹妹发生争吵，应当在父母面前首先承认错误。

假如你是弟弟或妹妹呢？最重要的就是尊重哥哥姐姐，不能有“我比你小，你应该让我”的想法，更不能娇气任性，蛮横无理；与哥哥姐姐发生争执时，不要到父母面前去告状，以免加深兄弟姐妹间的隔阂。

总之，兄弟姐妹之间要相互谦让，彼此爱护，和睦相处，共同营造温馨祥和的氛围。

案例

1998 年，吴建旱出生于云南一个农家。3 岁时遭遇电击失去了双臂。8 岁时，他和 6 岁的弟弟吴建智开始了同年级、同班、同桌的求学生涯。在求学的十多年里，吴建智和哥哥形影相随，一双手臂两人用，穿衣、铺床、刷牙、洗脸、吃饭，都会帮哥哥一一解决。他总是比哥哥早起，帮哥哥做好起床后的所有准备，晚上回到寝室又帮哥哥洗澡、洗衣服，然后才顾得上收拾自己，他总是宿舍里睡得最晚的。哥哥十分感激弟弟的付出。2018 年，兄弟俩同时参加高考，考了高分的弟弟为了继续照顾哥哥，放弃了更好的学校，选择和哥哥在同一所学校就读。2019 年，吴建智荣获第七届全国道德模范“全国孝老爱亲模范”称号。

点评：

吴建智从 6 岁起，坚持悉心照顾哥哥，用双手支撑起二人的生活和梦想，兄弟俩从没有吵过嘴，相亲相爱，坚强笑对生活，令无数人为之感动。

讨论：

结合自己的生活实际，谈谈你从吴建智的事迹中受到的启发。

（四）家庭用餐的礼仪

用餐之前要先洗手，主动帮助家长做好开饭前的准备工作，如摆好用餐时的桌椅，擦干净餐桌，摆好餐具，做好准备后请长辈入座。如果家中有客人，要主动和客人交谈，用心关照客人。

帮助家长盛饭端菜。盛饭时，不要盛得太满，端饭或端菜时，注意不要让手指粘到饭菜。端饭菜时要走得慢而稳。

端饭，要按照家人辈分大小依次端上。如果有客人共同进餐，要先端给客人。端菜，要先把好吃的菜和合客人、长辈口味的菜摆放在靠近他们的位置上。即使是自己最喜欢吃的菜，也不能因为自己爱吃就摆放在自己面前。有时，长辈出于疼爱将你爱吃的菜让给你，摆放在你面前，你也应该礼让。

用餐时要注意坐姿端正，双肘不要张开过大，以免碰及邻座，双腿不要随意乱伸或抖动。夹菜、盛汤时要用公筷、公勺。要小口进食，闭嘴咀嚼，口中如有食物应避免交谈。席间如遇敬酒，未成年人应以茶代酒。

尽量避免在餐桌上打喷嚏、咳嗽，如果忍不住，应及时侧身掩面，并说“对不起”。如果要拿摆在其他人面前的调味品等，应请邻座帮忙传递，不要伸手横越。切忌用手指剔牙，应用牙签，并以手遮掩。

另外，家中如果有保姆、家政人员等帮助照顾家人、打扫卫生等，也应该尊重他们的劳动与付出。我们要与他们友好相处，真诚以待，营造和谐愉快的人际关系，这样才能使家庭生活更加幸福温馨。

二、邻里礼仪

邻里共居一地，彼此以礼相待、互相尊重、互相帮助显得尤为必要。

（一）宽容礼让

邻里之间抬头不见低头见，平时见面应主动热情地打招呼。对邻居不要苛求，谈得来的就多交往，谈不来的维持一种有距离的友好态度即可。与邻居产生矛盾时应先从自身找问题，心平气和地沟通，得理让人，采取克制、谅解的态度和互相商讨的方法缓解冲突，合理、妥善地解决矛盾，切忌争吵打骂。

案　例

清代大臣张英，官拜文华殿大学士兼礼部尚书。一次，张英的老家人与邻居吴家在宅基的问题上发生了争执，因两家宅地都是祖上基业，时间又久远，对于宅界谁也不肯相让，双方将官司打到县衙。又因双方都是名门望族，县官不敢轻易断案，于是张家人千里传书到京城求救。张英收书后批诗一首云：“千里修书只为墙，让他三尺又何妨？万里长城今犹在，不见当年秦始皇。”张家人豁然开朗，退让了三尺。吴家见状深受感动，也让出三尺。“六尺巷”由此得名，六尺巷的故事也广为流传。

点评：

“邻里好，赛金宝。”要想营造和睦、愉快的邻里关系，遇到矛盾纠纷多换位思考，为对方着想，同时也要严于律己，善于自我反省、自我批评，主动承担责任，做到彼此谦和礼让、谅解包容、守望相助。六尺巷的故事同时也告诉我们要大度做人、克己处事，退一步海阔天空是处理人际关系的法宝。

讨论：

结合“六尺巷”的故事，说一说生活中你对宽容的体会和感悟。

（二）平等相待

邻居就是比邻而居，没有贫富之分，也没有地位尊卑之分，做事、讲话、待人都应一视同仁。

（三）互敬互助

邻居之间要互相尊敬、互相帮助。

第一，要考虑自己的兴趣爱好、生活习惯会不会打扰邻居，如在深夜弹琴，在家里敲打或拖动物品，看电视听音乐时音量过大，借用邻居的东西不及时归还等，这些看似是小事，却最容易伤了邻居之间的和气。

第二，要互相帮助。远亲不如近邻，我们在邻居遇到困难时要及时伸出援手，在获得邻居的帮助时要真诚致谢。

（四）遵守公德

要尊重邻居的隐私权，不要询问对方隐私。每个人都有自己的处世方法和私人习惯，即使是出于关心，询问人家的隐私也是很不礼貌的。

要爱护小区环境，维护公共利益。

案 例

家住5楼的孙先生担心装修期间的噪声给邻居们的生活带来不便，于是在装修之初多方征询邻居们的意见，尽量使施工时间避开大家的休息时间，并在单元楼门上张贴了“装修致歉信”，对给邻居造成的困扰和影响表达歉意，承诺会尽量减少噪声。邻居们对此深表理解，纷纷称赞孙先生为“贴心好邻居”。

点评：

孙先生在装修期间采取征询意见、张贴致歉信等方法，将装修对邻居造成的影响降到最低，得到了邻居们的充分理解，这种真诚、细致、温馨的做法深得邻居们赞赏，对于邻里之间的和谐相处十分有帮助。

讨论：

你的生活中有这样的“好邻居”吗？

三、公共场所礼仪

公共场所是指人们共同活动、停留的场所。公共场所礼仪体现了一个人的自我修养水平，反映了社会的文明风貌。人们在公共场所讲文明、重礼仪，不仅是个人修养的要求和社交的需要，也是社会文明的需要。

（一）排队等候礼仪

1. 耐心等候

排队时，耐心等候。等待时间过长时，不可喧哗、推搡。

2. 遵守秩序

排队要遵守秩序，讲究先来后到，依次而行，不要插队，也不能让熟人插队。

3. 间距适当

排队时应缓步前行，两人间的距离保持在一臂左右。在有一米线的场所排队时，应站在一米线外等候。

（二）用餐礼仪

1. 有序就餐，礼貌入座

用餐找座，如有专人引导，应按引导入座；如无人引导，应按先来后到顺序入座，不要贸然抢占空位。

2. 行为规范，举止文雅

在外用餐礼仪应参照前文家庭用餐的相关礼仪，入座后坐姿端正、举止得体，就餐时应闭嘴咀嚼，吃面、喝汤时不要发出声响。

3. 切勿浪费，保持洁净

在外用餐应尽量根据自己的食量点菜、取食，以免所剩过多而造成浪费。若有难以下咽的食物，应妥善放入盘内，不要随处乱吐，以免弄脏餐桌。如在快餐店用餐，食用完毕，餐具应摆放整齐并放到指定位置。

4. 尊重服务员的劳动

对服务员应谦和有礼，对其服务应表示感谢，当服务员忙不过来时，应耐心等待，不要敲击桌碗或大声喊叫。对服务员工作上的失误，要善意指出、宽容以待。

（三）购物礼仪

1. 遵守购物次序

买东西、试衣服、交款，应自觉排队。排队时保持与前面顾客一臂的距离比较好。

2. 尊重营业员

购物时应对营业员谦和有礼，对他们的服务应及时表示感谢，对其服务不周表示谅解。若遇纠纷，应以事实为依据，心平气和地耐心说明，不要争执。

3. 慎重选取，物归原位

购物时，选取后又决定不要的商品要及时放回原处；选购水果等食物时，不要随手乱翻乱捏；试穿衣服时不要长时间占用试衣间，要保持衣服的整洁，试穿后挂好放回到原处；使用超市的手推车，要注意停放的位置，不要妨碍他人，结账后应将其推放到指定位置。

4. 诚实消费

购物时若不慎损坏了物品，要如实说明，主动承担责任并照价赔偿。

（四）散步礼仪

在公园、广场等公共场所散步时要注意自己的形象，讲究礼仪。

1. 注重仪表，举止文明

不要穿睡衣睡裤、背心拖鞋外出；不能穿行广场草坪，不要多人携手并行；不尾随围观，以免扰乱广场秩序，妨碍他人。异性同行时，不应表现得过分亲密，否则既有碍观瞻，又有不自重之嫌。

2. 互帮互助，互谅互让

遇到问路者应尽力相助，不要不予理睬。通过狭窄路段，应礼让他人先行。在拥挤之处不小心碰到他人，应及时致歉。

3. 爱护公物，保护环境

讲究卫生，自觉爱护广场、公园里的各种设施设备。不要让自家的猫、狗等宠物到处乱跑。

（五）旅游场所礼仪

旅游是人们喜欢的休闲度假方式。同学们在饱览名山大川、名胜古迹的同时，不要忘记做一个文明的游客。

1. 要爱护旅游地区的公共设施和旅游资源

大至公共建筑、设备、名胜古迹，小至花草树木，都要珍惜爱护。名胜古迹是我国古老文明的标志，是中华民族的骄傲，更是不可再生的历史文化资源，每一个中国人都要珍惜这些无价之宝。要爱惜保护好景区的一草一木、花鸟虫鱼、建筑装饰。在公园里，折树枝、摘花朵，用棍棒捅逗动物或追捉、投打、乱喂动物都是不允许的。注意爱护亭廊等建筑物的结构装饰，不能随意蹬踏；不能在柱、墙、碑等建筑物上刻画等。同学们不仅自己要做到以上的要求，也有责任、有义务监督他人遵守社会公德，保护文物古迹、生态环境。

案 例

国家旅游主管部门在通报五一期间旅游市场秩序和文明旅游专项检查情况时称，李某攀爬红军雕塑照相，照片传出后，引起公众的谴责。国家旅游主管部门立即进行督办。省旅游主管部门已将李某列入“游客不文明行为记录”档案。国家旅游主管部门研究决定，将李某列入“全国游客不文明行为记录”档案，为期10年。

此外，涉事景区因管理不善，两年内不得参评A级景区。

点评：

人们生活水平不断提高，外出旅游的人越来越多。同学们要自觉遵守相关的旅游法律法规，做文明游客。

讨论：

你在旅游时，会注意哪些行为？

2. 遵守社会公共秩序和社会公德

在景区游览观光时，要注意文明礼让，保持旅游地区的环境卫生和安静。排队入场时不要插队，不要乱扔垃圾，不要大声喧哗。拍照时不要与人争抢，当有人走近而影响自己拍照时应有礼貌地向其打招呼，不可大声叫嚷、斥责甚至上前推拉。拍照完毕要向他人道谢。不要躺在公园长椅上睡觉或坐在椅子靠背上用脚踩踏椅面。旅游中如需划船，要小心不让水溅到他船、他人身上，两船过桥洞或狭窄水面时不要争先抢行，以避免碰撞，也不要在船上打闹嬉戏，以免发生意外。在旅游活动中，要懂得关心别人，同行者中若有女士、孩子及身体较弱的人，应对他们多加照顾。

3. 跟团旅游应遵纪守时

如果是跟团旅游，要有组织纪律性，听从导游安排，征得导游同意才能离队。在自由游览时要强化时间观念，不可错过归队时间而影响整个团队的行程。

小知识

针对旅游中的不文明行为的管理

《国家旅游局关于旅游不文明行为记录管理暂行办法》第二条规定，中国游客在境内外旅游过程中发生的因违反境内外法律法规、公序良俗，造成严重社会不良影响的行为，纳入“旅游不文明行为记录”。主要包括：

1. 扰乱航空器、车船或者其他公共交通工具秩序。
2. 破坏公共环境卫生、公共设施。
3. 违反旅游目的地社会风俗、民族生活习惯。
4. 损毁、破坏旅游目的地文物古迹。
5. 参与赌博、色情、涉毒活动。
6. 不顾劝阻、警示从事危及自身以及他人人身财产安全的活动。
7. 破坏生态环境，违反野生动植物保护规定。

8. 违反旅游场所规定，严重扰乱旅游秩序。

9. 国务院旅游主管部门认定的造成严重社会不良影响的其他行为。

因监护人存在重大过错导致被监护人发生旅游不文明行为，将监护人纳入“旅游不文明行为记录”。

2018 年修订的《中华人民共和国旅游法》规定，旅游者在旅游活动中应当尊重当地的风俗习惯、文化传统和宗教信仰，爱护旅游资源，保护生态环境，遵守旅游文明行为规范。同学们在旅游场所一定要严于律己，做文明游客。

（六）观看影剧礼仪

第一，观看影剧时，应衣着整洁得体，准时或提前入场，对号入座。如果迟到，最好在幕间入场，如果是观看电影，没有幕间，则应提起脚跟悄悄行走，找寻自己的座位，同排的观众协助你入座，应说“谢谢”或“对不起”。多人同往，男士应坐在靠近过道的位子上。

第二，爱护影剧院环境，不随地吐痰，不吃带壳的食物，不乱扔杂物。

第三，观看影剧时应脱帽，以免遮挡后面观众的视线。观看时坐姿要尽量稳定，不要经常左右晃动。不要把脚伸到前面的座位上，以免弄脏椅套，碰脏前排观众的衣服。如果不小心碰到了别人的衣服，应主动说“对不起”，避免因此发生口角。

第四，节目演出或电影放映时要保持安静，关掉手机或将手机调到静音、振动状态，不要谈笑、附唱或以手击拍。咳嗽、打喷嚏时要侧身掩面。

第五，遵守鼓掌的规矩。看剧时，在每一幕演出完毕后，应鼓掌；看芭蕾舞剧则应在舞段中间，在一段独舞或双人舞表演之后鼓掌；听音乐则在一曲终了或一个乐章结束之后鼓掌。希望演员返场时，可以持续地鼓掌，但不能一再要求加演，应照顾演员的体力。全部节目演出完毕，应向演员热烈鼓掌表示谢意，等待演员谢幕结束、幕布合上后再行离场。谢幕时，不要拥到台前围观。

第六，在影剧院举止要文雅，不可有过于亲密的动作。即使演出的节目不对自己的口味，或出了差错，也绝不能起哄、吹口哨、发嘘声、鼓倒掌、喝倒彩等。

第七，如无特殊原因，不要中途退场，不得已要中途退场，离座时要慢步轻声，并尽可能在幕间退出。有些人怕散场时拥挤，往往在散场前几分钟就提早退场，这不仅会影响他人的观赏情绪，也是对演员的不尊重，应该在散场后有秩序地退场。

（七）阅览礼仪

图书馆或阅览室是公共学习场所，是需要大家共同创造和维护的学习环境。阅览时能否爱护书籍，保持优雅文明的风度，能检验一个人是否具有良好的礼仪修养。

同学们到图书馆或阅览室看书时，要衣着整齐，排队进入阅览室，不要为他人占座。即使阅览室人很少，也不能利用空座躺卧休息。在阅览室内走动时脚步要轻，以免打扰他人。

需要在图书馆、阅览室学习一天的读者，如果自备了午餐，应该到餐厅、休息室或指定地点食用，不要在阅览室里大吃大嚼。这样既不利于对书籍的保护，也是对周围读者的不礼貌，破坏整体学习气氛。

1. 图书阅览礼仪

在看书或查找资料时，要遵守阅览规则，保持室内安静和整洁。不要大声说话或长时间在座位上交谈，不可有过于亲密的举动。

爱护书籍，不要在图书馆藏书上随意折角、画记号等，以免妨碍他人阅读；更不能把自己需要的资料、图片取走，或者撕走其中几页。如果需要资料信息，可在图书馆进行复印或用手机对所需资料进行拍照，绝不可为了占有资料而损坏图书。

借阅图书时，要看清注意事项和借书条上的要求，凭借书证借阅，借书证不得转借他人。若借书的人多，要耐心等待，不要站在借阅台前催促。

离开阅览室时要自觉将椅子归位，将所阅图书放回原处。

借阅图书要按时归还。

案例

一位外国旅客到新加坡观光时，在新加坡图书馆借了一本图书忘记归还，返程登机时被拦了下来。因为新加坡的社会信用系统记录了其借书不还的行为，并在机场发出了警示。

点评：

在图书馆借书不还看似是一件小事，实则是不守信用、缺少社会公德的自私表现。很多国家都非常重视建立公民的个人信誉档案，一次逃票、一次借书不还等很小的失信行为都会毫不留情地记录在案，跟随公民一生。

讨论：

这件小事可以给我们哪些警示？

2. 电子阅览礼仪

电子阅览主要包括网络查阅和电子光盘查阅。

在利用网络进行资料查阅时，应遵守我国有关法规，严禁查阅反动、黄色、不健康的内容，更不能传播。网上的资料和软件很丰富，但不要下载到图书馆的计算机上。

在使用电子光盘时，我们要轻拿轻放，严格按照操作规则执行，以免损坏。如果光盘中有所需资料，要征得管理员同意，方可使用通过病毒检查的U盘对资料进行复制，以免病毒侵害图书馆的计算机。

（八）交通礼仪

1. 行路礼仪

（1）路遇朋友，热情有度

行路时也要讲究文明礼貌，如路遇熟人要主动打招呼，互相问候。如果在路上碰到久别重逢的朋友，寒暄之后，还想多谈，要主动靠边站立，让出行人通道，不要站在马路当中或拥挤的地方，否则既妨碍交通，也不利于交流。

（2）讲究仪态，大方稳健

在街上行走，要注意自己的仪态，要端庄大方，不要左顾右盼，摇头晃脑。男士要表现出绅士风度，彬彬有礼。

（3）并排行走，讲究位置

人行便道的内侧是最为安全的位置，应将其让给长辈或女士，晚辈或男士应行于外侧。若是三人成行，行走时应让尊者居中。遇到车辆多、光线暗的地方，走在外侧的一方应先走几步，并提醒和照顾其他人。进入室内时可先行一步，为他人打开门让其先进入。

（4）问路有礼，乐于助人

需要问路时应礼貌地和他人打招呼，然后用请求的语气发问，不论对方能否回答你的问题或给你指路，都应致谢。如果有人向你问路，要尽量热情地回答对方，如果自己不知道或不确定，应表示歉意或主动转问他人。

（5）举止文雅，讲究卫生

行路时还要注意保持环境卫生，不随地吐痰，不乱扔果皮、果核和脏物等。不要边走路边吃东西，那样既不雅观，也不卫生。

（6）相互礼让，与人方便

行路时要自觉遵守交通规则。行人要走人行便道，过马路要走斑马线。无论是走人行便道还是斑马线，都应靠右行。注意避让来往车辆，不要抢行，更不要闯红灯。如果和老人儿童一起行走，应扶老携幼。在繁华的商业区或人群拥挤的地方，要有秩序地依次而过，不小心碰到别人或踩了别人的脚，要主动道歉。如果别人不慎碰了你或踩了你的脚，应该谅解别人。走路不要多人并行，不要追打嬉戏，这样做既不安全，又难免会妨碍他人行走，影响交通。

2. 骑车礼仪

在我国的各种交通工具中，自行车以它的轻巧、便利、环保、成本低廉的特点而备受人们的青睐，是中国老百姓最重要的交通工具之一。骑自行车或电动车也要遵守相应的礼仪。

（1）自觉遵守交通规则

骑车时要自觉遵守道路交通安全法规，按交通信号和交通标志骑行。礼让行人，红灯不越线，黄灯不抢行。骑车拐弯前要先做手势示意，并减速慢行。不在机动车专用道和人行便道行驶。

（2）注意安全

骑车速度不要太快，不要与他人并排骑行，不要边骑车边嬉笑、勾肩搭背、相互追逐、曲折行驶。在市区道路上不能骑车带人和带超长、超宽物品，这既危险，又影响他人。

（3）待人有礼

进出有人值守的大门，要下车推行，以示尊重。过路口时，要礼让行人，遇到前面的人动作缓慢时，特别是老人，不要超车，不要猛按车铃。如果撞到他人，应立即下车，询问对方伤情，必要时应将对方送往医院，不能逃之夭夭。

（4）文明骑行共享单车

2022 年，我国的共享单车骑行量已达 8 亿多人次。用户打开共享单车应用软件，就可以查看附近的共享单车分布图。找到自行车后，用手机扫描二维码即可开锁骑车。用毕要将单车归还到指定地点，锁车成功即完成使用。

骑行共享单车要遵守相关规定，爱护共享单车，文明骑行，有序停放。

3. 乘坐公共交通礼仪

乘坐公共汽车、地铁、火车等交通工具应讲究乘坐礼仪。

（1）自觉遵守乘车秩序

要等车到站停稳后，按照先下后上的顺序，自觉从规定车门排队上车。提大件物品上车时，注意尽量避免撞到他人。遇到雨天，上车前要将雨伞放在塑料袋里，雨伞的尖顶部分应朝下，防止戳伤他人；穿雨衣乘车时，上车后应迅速脱去，装在塑料袋中，以免雨水沾湿别人。上车后，应尽量往车厢里走，主动为下车的人让道，使车厢内人流畅通。

下车应提前做好准备，提前向车门移动，若座位离车门较远，应礼貌地请其他乘客让路，不要等到站了再猛力向外挤。下车时等车子停稳后有秩序地快速下车，注意扶老携幼，乘坐公交车应从规定车门下车。

（2）自觉投币、刷卡、扫码或出示车票，主动礼让他人

上车后，应立即投币、刷卡、扫码或出示车票。如果是坐在座位上，要主动为上

车的老人、儿童、孕妇等让座，要为他人的进出提供方便。

（3）保持车辆卫生

乘车时要保持车辆卫生。不要在车内随地吐痰、乱扔垃圾。咳嗽、打喷嚏要侧身掩面。散发异味的物品要事先包好，放在妥当的地方。

（4）注意形象

夏天乘车时，衣着不要过于随便，不可太短太露，更不能赤膊、露足。在公共汽车、地铁或火车上，不要过分亲密。车辆里座位的间距一般比较狭窄，所以不要跷二郎腿，更不要把脚伸出搁在前排乘客坐的位子上或是伸长放在过道上，以免影响他人通行或弄脏别人的衣服。

（5）乘坐火车应对号入座

乘坐火车，一般都要求对号入座，如果碰上自己的座位有人坐，可以向对方礼貌地提出核对车票的要求，确定以后再落座。如果对方请求换座位，可以考虑给予帮助。在非对号入座的公交、地铁或列车上，如果发现空座，在就座前可礼貌地询问旁人："请问这个位置有人吗？"确定无人后方可入座。

（6）注意安全

不管是乘坐公共汽车，还是地铁、火车，切忌把危险物品带上车。站在车厢里要扶好站稳，以免刹车时碰着、踩着别人，万一碰了、踩了别人要主动道歉。

此外，乘坐公共汽车还应尊重驾驶员，尤其应避免在公共汽车行驶中与驾驶员发生冲突。如果错过了要下车的站，不能强迫驾驶员停车，甚至打骂驾驶员。

案例

一名中年妇女乘坐公交车，上车后问驾驶员车票要多少钱。驾驶员没有回话，用手指了指投币处，意思是请她自己看。中年妇女十分不满，和他吵了起来。过了一会，车辆朝前行驶，中年妇女突然冲到驾驶员身后，用手打驾驶员，驾驶员忙用一只手阻挡，另一只手控制方向盘，结果导致公交车失控，冲过路边的绿化带，撞向了某家具城广场上停放的车辆。中年妇女涉嫌危害公共安全，交由当地公安机关处理。

点评：

驾驶员没能热情回答中年妇女的询问，中年妇女因此心生不满而与之争吵，继而打驾驶员导致公交车失控撞车，严重危害了公共安全。

讨论：

如果你当时正在这辆公交车上，当看到中年妇女与驾驶员争吵时你会怎么做？

4. 乘驾轿车礼仪

随着生活水平的日益提高，轿车已走进平常百姓家。乘坐或驾驶轿车也要讲究礼仪。

（1）乘坐轿车的礼仪

第一，要正确安排乘车人座次。一般认为，轿车上最尊贵的位置是与司机的座位成对角线的座位，即后排右座。

第二，上下车时要礼让他人，主人陪同客人同乘一辆车时，主人可为客人打开轿车的右侧车门，等客人坐好后方可关门。最后，主人应从左侧后门上车。

同亲友一同乘车时，应请长辈与女士先上车，并为之开关车门。如果女士的裙子太短或太紧不宜先上车，应请男士先上。

到达目的地时，主人应先下车，并绕过来为客人打开车门。亲友一同乘车时，男士和晚辈也应如此照顾女士和长辈。

第三，要注意形象。女士上车时，不应先伸进一条腿，再伸进另一条腿，而是应先轻轻坐在座位上，然后再把双腿一同收进车内。下车时，要双脚同时着地，然后身体离开座位。

第四，要尊重客人。迎送客人时，如果宾主同车而行，主人开车，要请客人坐在副驾驶座，若有多名客人则可以请与主人较熟悉的客人坐在副驾驶座。如果主人不开车，则宾主同坐在后排，客人居右。行驶中，主人可向客人介绍一下活动安排、沿途的名胜古迹，但若客人有些疲乏则不宜交谈。如果宾主不同乘一辆车，则主人的车应行驶在客人乘坐车之前，为其引路。

第五，要注意车内卫生。乘车时要保持车内清洁。

第六，要注意安全。乘车时不要分散司机的注意力，不要催促司机加速行驶。

（2）驾驶轿车礼仪

在我国，年满 18 周岁可以申请某些类型的机动车驾驶证，在不久的将来同学们也可能成为一名驾驶者。以下是一些基本的驾驶礼仪：

第一，注重形象。汽车是公路上的流动风景，不仅要保持车身和车内的干净，而且要注意驾车人自身的仪表整洁，不宜衣衫不整或穿着太露、太透的服装开车，女性不要穿高跟鞋开车。不要朝车窗外扔东西、吐痰。

第二，言行有礼。要文明驾驶，不要朝别的驾驶者大喊大叫，对新手应宽容和理解，不要做“路怒族”、开“赌气车”。正常情况下，不开远光灯、雾灯，换车道要打转向灯。停车时不要挡道，不要妨碍他人，加油时要排队。一旦车与车发生碰撞等交通事故，应立即报警、拍照取证，如果是轻微擦碰，取证或协商好后应立即驶离现场，避免造成拥堵甚至发生二次事故。切忌骂人，更不能动手打人。

第三，专心开车。驾驶车辆一定要注意安全，严格遵守交通安全法规，切忌酒后驾车或疲劳开车，更不得超载。开车时思想要高度集中，专心致志，不要因观赏周围景色、交谈、打手机、左顾右盼等分散注意力。不要超速，不要闯红灯，到十字路口一定要减速慢行、观察四周。

第四，礼让他人。驾车时要耐心礼让行人。下雨天要减速慢行，当别人的车从身边驶过时，应放慢速度，不要踩油门加速。拥挤时不抢行猛拐，不要将他人的车挤离车道。

第五，慎用喇叭。喇叭应该在最需要的时候才按响，并且按一两声即可。尤其不要在小区、校园等安静的地方按喇叭。

第六，有序停车。不要乱停乱放，不要将车停放在绿化带上。

思考与练习

1. 你的好朋友小明在家动不动就跟家长顶嘴，要不就关上房门不出来，这让他的父母手足无措。你怎样看待小明的言行？作为好朋友，你会如何建议他尊重自己的父母？
2. 乘坐公共交通有哪些礼仪要求？
3. 乘坐轿车时应注意哪些方面？

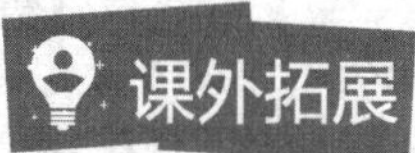

课外拓展

写给爸爸妈妈的信

张楠

亲爱的爸爸妈妈：

以爱之名，见字如面。最最爱的爸爸妈妈，我今年刚好18周岁，我在你们的生命中出现了18年。我一定给你们带来了很多，责任、幸福、骄傲……而你们让我成长、知理、明事。你们爱我，呵护我，教育我，你们成就了我，而我却从来没有说过我爱你们。我告诉你们我爱吃奶糖，爱喝奶茶，爱穿花裙子，爱买亮闪闪的东西，爱玩排球，爱留长头发……我告诉了你们所有，却没有告诉你们最重要的——我最爱的是你们。我爱你们，我可以没有奶糖，没有花裙子，但是我不能没有你们，我爱你们，很爱很爱，会一直爱下去。

我听妈妈说，小时候我很黏人，黏她，更黏爸爸，每次吃完晚饭我都会要爸爸抱着我，妈妈说我小时候声音可好听了，奶声奶气地喊爸爸妈妈。小时候我很乖，很听话，你们很宠我。可是时间是抓不住的沙，我越长越大，也越来越不听话。到了14岁更是青春逆反，我总觉得我有自己的想法，你们不能把你们的想法强加到我头上，你们的决定我拒绝、反抗。那时候，每个夜晚我都会想如何改变我们的关系，我不是坏孩子，但也请你们不要把你们的思想强加于我。我，是独立的我。与此同时，我也知道你们是为我好，你们是最爱我的人，没有之一。我就在这样纠结着、争吵着的时间里长大。

中考失利后，心里更是一阵失落。我知道我辜负了你们的期望。我选择了省技师学院，进校的那一天我就默默地告诉自己我会让你们感到骄傲的。心若向阳，哪里都有光。

在学校，我总是告诉我自己认真做好自己分内的事。也是机缘巧合，我加入了学生会，我发现自己好像很喜欢这种做事的感觉，所以，我努力去适应、去学习学生会常要做的事。刚开始很难，那时候又跟自己的好朋友出现友情危机，我多想跟你们诉说，也不知道是什么原因我始终没有跟你们说过。就这样一天一天过，一点一点去改变，团委老师也看到了我的努力，给了我鼓励。我也越来越忙，比别人晚放学，晚回家，回家总是在电脑前。你们以为我开始学坏，你们没有支持我，而是严格规定我的回家时间，规定着我生活的一切。好像你们总是认为你们的女儿没原则、不懂事。我开始找原因，虽然我依旧讨厌你们规定我生活的一切，但无论重大抉择还是细枝末节，我开始跟你们交流，我会告诉你们一天都在学校做了什么，我还需要多努力才可以做得更好。你们也开始慢慢理解支持我，现在晚自习结束，爸爸您都会来接我。每天看到您的时候，也意味着我奋斗的一天结束了。慢慢地，慢慢地，我们都在变得更好。

爸爸妈妈，你们给了我健康的身体、明亮的笑容，你们没有特别教过我什么道理，但是你们的一言一行都在影响着我。请你们相信我，我会努力变得更好，也请时光慢慢走，让我更好更多地爱你们。

女儿 张楠

9月27日

感悟

在我国加快推进现代职业教育发展、大力弘扬工匠精神的今天，成为一名技校生，走技能成才之路，立技能强国之志，和成为一名大学生一样，是一件值得骄傲和自豪的事。通过这封信，我们看到了一位乐观阳光、积极上进的美丽女孩。让我们也像这封家书的作者那样，每天不断努力，一天比一天努力变得更好！

◈ 行动

1. 上台发言，要求步姿沉稳、站姿端正、表情自然、声音洪亮，并与同学们有充分的眼神交流。发言内容：作为家庭中的一名成员，你扮演了哪些角色？你所扮演的角色合乎礼仪要求吗？你的所言所行是否给你周围的人带来了愉快？

2. 给父母写一封信，说说自己的心里话，注意格式要规范，装入写好的信封，寄给或亲手交给父母。精心挑选一张你与父母的合影，并与同学们分享信中你最有感触的语句，或说一说与父母相处时自己感受最深的一件事。然后以小组为单位，编写《见字如面——家书寄真情》手抄小报、电子小报，张贴于教室或共享于班级群。

3. 以小组为单位，进行家庭用餐的情景再现。

4. 举行“晒晒我们的家规”征文比赛，将获奖征文上传至班级群共享。

5. 以小组为单位，制作《旅游中的文明行为》演示文稿，与同学们展开“文明出游从细节做起”的讨论。

第五课 菁菁校园 礼仪为先

名言集锦

★ 爱人者，人恒爱之；敬人者，人恒敬之。 ——《孟子·离娄章句下》

★ 君子隆师而亲友。 ——《荀子·修身》

★ 亲师友，习礼仪。 ——《三字经》

★ 为学莫重于尊师。 ——谭嗣同

★ 教育就是教人做人，教人做好人，做好国民的意思。 ——陶行知

学校不仅要传授知识，更要传承文明。校园礼仪是在学校生活的全体师生及员工应该共同遵守的行为规范。技工院校的同学们在校园学习生活中，除了获取知识和技能外，还必须完成道德品格和文明素养的塑造，这在很大程度上依赖于校园礼仪生活的实践。

测一测

让我们先来测测自己在校园里的“礼仪指数”吧！

1. 你见到老师和认识的同学经常会微笑打招呼吗？ 是（ ）否（ ）
2. 别人在说话时，你能认真倾听吗？ 是（ ）否（ ）
3. 你对别人有意见时会三思之后私下向他指出吗？ 是（ ）否（ ）
4. 你能及时真诚地当众赞美别人吗？ 是（ ）否（ ）
5. 你会注意克制自己，不提高嗓门乱发脾气吗？ 是（ ）否（ ）
6. 该说“谢谢”或“对不起”时，你主动说了吗？ 是（ ）否（ ）
7. 你能准确叫出本系领导、本班师生的姓名吗？ 是（ ）否（ ）
8. 你能随时注意自己的仪表整洁吗？ 是（ ）否（ ）
9. 在食堂用餐时，你能做到有序排队、光盘、餐毕将餐具放到指定位置吗？ 是（ ）否（ ）
10. 你经常主动打扫教室、宿舍吗？ 是（ ）否（ ）

如果回答9~10个“是”，表明你的校园礼仪指数较高，回答6~8个“是”，说明校园礼仪指数中等；回答6个以下“是”，说明你的校园礼仪修养有待提高，加油哦！

某酒店管理学院的新生在入校时都要接受严格的文明礼仪训练。每位学生的学生手册上都有100分礼仪积分。如果无故旷课两次，就要被勒令退学；两次迟到折合成一次旷课；衣冠不整，有污迹，衬衣不烫，在公共场所不遵守文明礼仪，不尊敬师长，男生不履行“女士优先”等都要酌情扣分。扣完100分，无论成绩优劣一律不予毕业。即便是这样严格的校规，每年还能吸引来自六七十个国家不同信仰、不同价值观的青年们，在国际通行的礼仪规则下和睦共处，求同上进。在这所大学的校园里经常可以看到三五成群的学生在通过教室门时，总有一位男生抢先一步把门打开，让女生和别的同学先通过，然后自己轻轻地把门关上，举止优雅自然。正是这些看来并不起眼的细节，养成了学生处处尊重自己、善待他人、礼仪为先的职业规范，吸引了国际上不少著名企业每年到该校设点招聘。

越来越多的企业招聘的首要标准，不是专业学分成绩，而是志向、态度、举止、心理素质和文化底蕴。同学们培养文明素养可以从践行校园礼仪开始。

一、校园场景礼仪

（一）课堂礼仪

课堂是教师进行教学活动和同学们学习知识的主要场所。遵守课堂礼仪，创造良好的学习环境和气氛，不仅是学生对教师的尊重，也是同学们更好地掌握现代科学知识和技术、成为合格人才的外在保障。

1. 保持“静、净、敬”

教室是学习知识的殿堂，课堂上要保持“静、净、敬”。

（1）静

“静”指保持教室的肃静和庄重，不能在教室里追逐打闹，这既是为了保持安静的学习氛围，也是为了防止磕碰等意外发生。

案 例

自习课上，同学们在认真学习，教室里很安静。突然，有人轻声哼唱起歌来，原来是班上的“唱歌达人”建民。歌声渐高，纪律委员小董走到建民身边，敲着桌子大声说：“保持安静，别唱了！”同学们的视线一下子聚焦到建民身上，几个同学也随即附和。建民十分恼怒，大嚷：“我想唱就唱，要你多管闲事！”劝说无果，小董说："我去叫老师！""你敢！"建民一跃而起，两人争执起来。

点评：

自习课上，建民在教室里唱歌影响了同学们的学习，理应接受纪律委员小董的批评并改正错误。但小董当众批评他并称要告诉老师，使建民在同学面前很没面子，两人的争执反而使教室里更加吵闹。

讨论：

如果你是小董、建民的同学，在"战火"即将燃起之际，你会怎么做呢？请和同学合作，据此进行情景再现。

（2）净

"净"是指保持教室的清洁卫生，这既有利于保持身心健康，也有利于提高学习效率。要保持教室的清洁卫生，需定期打扫教室，摆齐桌椅，保持空气流通；不随地吐痰，不乱扔纸屑等杂物，不带食物、饮料到教室里吃喝。

（3）敬

"敬"是指对老师表示尊敬。讲台和黑板是老师工作的地方，应该视作老师的办公室，不能随便占用，更不能随意翻动老师携带的物品，不要将外人带进教室。

手机应处于关机状态，要严格遵守学校实行的"手机入袋"规定，上课前自觉将手机放入指定的手机袋，下课后记得及时取回，以免丢失。

2. 做好上课准备

课代表要在上课前帮助老师收发作业本，拿取教学用具，打开多媒体设备。值日的同学要提前备好粉笔，擦干净黑板。

同学们应在课前 5 分钟预备铃声响时进教室，进教室脚步要轻，动作要小，速度要快。放下书包和课本的时候动作要轻，以免影响其他同学。

做好上课的准备工作，端坐并恭候老师的到来。不要吵闹，需要交谈的时候应该低声，不要大声叫嚷。不要离开自己的位置和远处的同学讲话，实在有问题，等到下课以后再交流。坐下以后要集中注意力，等候老师的到来。

老师向同学们问好的时候，同学们应该起立，恭敬地向老师问好。老师示意坐下后才能坐下。

如果因故迟到，应该在门口喊"报告"，经老师许可后再进入教室，进教室时轻声向老师致歉。下课后要主动向老师说明迟到原因，取得老师的谅解。

案例

上课铃响，思祥背着书包，拎着没来得及吃完的早餐气喘吁吁地跑到教室门口，见老师正在讲课，思祥叫了声“报告”，未经老师允许就走进教室，将书包重重地往桌上一放，一屁股坐在了自己的座位上。老师看了思祥一眼，皱起眉，其他同学也朝他投来责备的目光……

点评：

上课迟到，带食物进教室，没得到老师许可便走进教室，放书包声音大，入座不沉稳……细节彰显素质，思祥一连串的举止影响了老师和同学们上课，也有损自己在老师和同学们心目中的形象。

讨论：

你认为思祥这样做会是出于什么原因，如何才能帮助他做到彬彬有礼。

3. 尽量避免上课期间出入教室

上课期间一般不要出入教室，以免影响教学。如果确实需要出去，必须举手示意老师，说明自己出教室的原因，经老师同意后才能出去。如果老师没有看见或者不准许，又确实有紧急情况，可以用写纸条的方式向老师说明情况。切不可高声喊叫或径直走上前向老师请假。

得到老师准许后，进出教室的时候要轻手轻脚，步幅要小，不要发出太大的声音，更不要碰落桌上的课本等物品；要注意低头躬行，以免遮挡同学的视线；尽量就近进出，以免绕过大的圈子，造成较大干扰。

4. 认真听讲，礼貌回答老师的提问

为了讲好每一节课，老师们往往要花费很多的心血。因此，同学们在课堂上应集中精神，认真听讲，不可打瞌睡，不要伏在课桌上，不要做与上课无关的事情。如果不是老师提问或要求讨论问题，不可在上课时讲话，有疑问可以在老师讲完课或课后向老师请教。

老师为了检验自己的教学效果和同学们学习、掌握新知识的情况，会以提问的方式进行检查。同学们要理解老师提问的积极意义，紧跟老师授课的节奏，开动脑筋、积极思考，有礼貌地配合老师的提问。

老师提问时，学生如果要回答问题，应举手示意，不要坐在座位上七嘴八舌地议论。当被老师提问时，要起立回答，站姿端正、声音洪亮、态度认真，若不会回答，

应表示歉意。若未被提问，不要抢着回答，也不要坐在座位上回答。

在别人回答问题的时候应该集中注意力，不要胡乱插话。如果同学回答错了，不要嘲笑，也不要喧哗或者抢着回答。

5. 勇于向老师发问

老师在课堂上留出适当的时间给同学们自由讨论或向老师提问，这是学习的好机会，有不理解的问题可以向老师提出来。

提问之前一定要做好准备，最好将平时积累起来的问题梳理一下，将同类型的问题归纳一下，写在纸上，以便提问时有条理，不会占用太多时间。

提问时举手示意。老师示意时，起立提问，如果老师没有点到自己也不要抢着提问。

所提的问题要与授课内容密切相关。提问不宜占用过长的时间，不要反复纠缠一个问题，应留出时间让别的同学提问。如果疑问未能解决，可以另约时间向老师请教或通过线上的方式请教。

在老师解答自己的问题时，应及时做好笔记，所提问题得到解答以后，向老师道谢。

在别人提问和老师解答的时候不要随便插话，更不要打断。在别人提问完毕或老师回答完毕时再举手示意提问。

6. 礼貌地指出老师的失误

老师在授课过程中难免出现一些失误，甚至是某些观点上的错误。对此，同学们要正确对待。首先要明确指出老师的错误，以免其他同学记住错误的知识；其次要适时而礼貌地指出老师的失误，如可以，在老师经过身边时小声地提醒老师，或写在纸条上向老师说明，以给老师思考的时间。不要当众大声指出问题而使老师难堪，更不能嘲笑老师。

7. 遵守下课的礼仪

下课铃声响后，在听到老师喊“下课”并与老师互道再见后才能自由活动，不要一听到下课铃声就急忙收拾东西或到处走动。离开教室时，要让老师先走，也可以和老师边走边谈，不能抢先或拥挤着跑出教室。课代表要主动帮老师关闭多媒体设备、整理教具等，把老师的笔记本电脑、收齐的作业等较重的物品送到老师办公室。

8. 独立完成作业

老师布置的作业是课堂教学的巩固和延续，不管是课堂作业还是课后作业，同学们都应该按时、认真、独立地完成，认真查看老师在作业上悉心批阅之处。

案例

以下是一位体育老师制作的体育课堂文明礼仪评价卡，它要求教师依照学生表现，在五角星上涂色，做得越好，涂得越多，每月汇总，评出文明礼仪之星。

文明礼仪	评价
课前到操场	☆☆☆☆☆☆☆☆☆☆
站队快静齐	☆☆☆☆☆☆☆☆☆☆
师生互问好	☆☆☆☆☆☆☆☆☆☆
迟到先报告	☆☆☆☆☆☆☆☆☆☆
关心帮助他人	☆☆☆☆☆☆☆☆☆☆
团结进取	☆☆☆☆☆☆☆☆☆☆
器材爱护好	☆☆☆☆☆☆☆☆☆☆

点评：

这张“体育课堂文明礼仪评价卡”体现了从课前到课后对学生的课堂礼仪要求，能够比较全面地考查一个学生的课堂文明礼仪程度。“课前到操场”是课前对即将开始的体育课堂的准备。“站队快静齐”是要求学生积极调整状态从心理上做好迎接新课堂的准备。“师生互问好”宣告体育课正式开始。“迟到先报告”是对课堂突发状况的应急处理。“关心帮助他人、团结进取”体现了体育课的活动特性，也是对学生学习习惯的要求。“器材爱护好”是课堂的收尾工作。

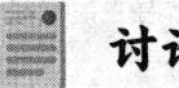

讨论：

对照这张文明礼仪评价卡，你能获得几颗星？你距离满分评价还存在哪些差距？

（二）宿舍礼仪

宿舍是同学们的第二个家。宿舍是一个以休息为主的生活场所，住宿生们在校期间有一半以上的时间是在宿舍里度过的。遵守宿舍礼仪是同学们营造舒适和谐宿舍环境的基本保证。

你是住宿生吗？快来看看自己的宿舍礼仪规范指数吧！

1. 宿舍需要打扫，你经常这样做。　　是（　　）否（　　）
2. 你很少在宿舍里乱扔东西。　　是（　　）否（　　）
3. 你很少或从不随意取用室友物品。　　是（　　）否（　　）
4. 你总是及时清洗自己的脏衣物。　　是（　　）否（　　）
5. 你从不在宿舍使用大功率电器。　　是（　　）否（　　）
6. 当有室友准备休息时，你总是轻手轻脚，更不会大声喧哗。　　是（　　）否（　　）
7. 当室友的亲友来宿舍拜访时，你总是表现得热情有礼。　　是（　　）否（　　）
8. 你从没有未经准许夜不归宿的现象。　　是（　　）否（　　）

如果回答4个以上“否”，表明你的宿舍礼仪指数较低，你的行为或多或少会在室友心目中留下不良印象。建议严于律己，遵守学校的规章制度，加强行为修养，改善自己在室友心目中的印象。

1. 遵守制度，执行规定

（1）不擅自调换房间、床位

同学们要严格遵守学校对住宿生的管理制度。不要擅自调换房间、床位，不能两人或多人挤睡在一张床上，不要带异性同学进入宿舍，禁止留宿异性。

（2）按时起床

清晨要按时起床，或在不影响室友正常休息的前提下适当早起，不要养成睡懒觉的习惯。

（3）按时回宿舍

同学们要在学校规定的时间出入宿舍，尤其是夜间，必须在规定的时间以前回宿舍。如果有特殊原因不能按时回来，应提前向班主任请假，经同意后将请假条交给宿舍管理员。若情况特殊未能向老师书面请假，也要及时征得班主任同意，然后将相关聊天信息用手机截图发给宿舍管理员，或发给室友代为说明，返校后要及时向宿舍管理员解释并致歉。晚回宿舍时要轻手轻脚，尽可能不要开灯，以免影响其他同学休息。

（4）不擅自留宿外来人员

不要随意留宿外来人员，如果有特殊情况需要留宿，必须提前征得班主任、宿管科和宿舍管理员的同意。带外来人员进入宿舍后，应要求其严格遵守学校相关规定，等其离开宿舍后要及时向宿舍管理员汇报并表示感谢。

（5）按时熄灯就寝

洗漱等活动要在熄灯前结束，熄灯后马上就寝，切忌在走廊、宿舍里大声喧哗。

2. 爱护公物，节约能源

不要在宿舍、洗手间等的墙壁上乱写乱画，可以适当选用一些字画、绿植等布置美化宿舍。当然，要注意个人空间的美化和整个宿舍的美化相协调，注重整体和谐。

宿舍过道等公共场所也是同学们要每天打扫、保持干净的地方，不能占用过道，不能在过道上乱扔杂物，不能在过道的墙壁上乱涂乱画，不能向窗外泼水、扔东西。

要爱护宿舍楼和宿舍里的公共财物，注意节约水电等能源，做到人走熄灯、关水、锁门。不要在宿舍内乱拉电线、乱用电器。使用洗衣机、空调等公共设备时，要按照使用手册操作；出现故障要及时报修，不要擅自拆开修理。

3. 文明有礼，尊重室友

同学们和室友朝夕相处，不能因为相互熟悉，交往时就过于随便，要做到谈吐文明，举止礼貌，营造和睦融洽的人际关系。

进出宿舍要和室友打招呼，早上起床应互道“早上好”，睡觉前应互祝“晚安”；使用水龙头、晾衣架及卫生间时要尽量礼让他人。

要尊重室友的信仰、饮食习惯、学习和生活习惯等，相互之间留有适当独立的空间。不要乱拿乱动室友的东西，不可私自翻阅室友的日记和信件，不要使用室友的账号，不可打听室友的隐私。借用物品必须征得室友的同意，获得允许后再使用，用毕要及时归还并道谢。要爱护他人的物品，当室友的物品摆放在了公共区域给大家带来不便时，不要擅自挪动，可以与室友商量，友善提醒他放好。

当自己的朋友来访或家人来校时，最好能提前告诉室友；与自己的朋友或家人在宿舍里谈话要掌握时机，不要高声谈论，时间也不宜过长，最好能找不影响室友学习和休息的时间。

小蕾最近很不开心，因为她所犯的错误不仅使自己失去了与室友的友谊，还受到了学校的处分。事情源于开学没多久，小蕾的室友向老师反映宿舍里老丢东西，开始时丢的是电池、手机充电器、文具等用品，后来逐渐发展到丢衣服、钱包等。终于有一天，室友小雪在小蕾的衣柜里看到了自己丢失的牛仔裤。东窗事发，小蕾后悔莫及，告诉老师自己开始时只是想借同学的文具等用品用一用，用之前没打招呼，用后也没还，渐渐地，就觉得拿别人的东西是顺理成章的事。虽然小蕾决定改过自新，但在同学们尤其是在她的室友心中，却留下了抹不去的阴影。

点评：

在宿舍生活中一定要懂得尊重他人，不能模糊了自己和他人的界限，不要随便取用别人的物品。如果因为“恶小而为之”，就难免像小蕾那样从擅自占用他人财物发展到偷窃他人物品的地步了。

讨论：

如果你发现自己的室友擅自占用他人的物品，你会怎么做？

4. 注重沟通，互助互谅

能成为同学、室友是缘分，同居一室，同学们应该彼此加强沟通，增进了解，以便更好地相处。

宿舍是同学们共同生活的地方，是大家的“家”，同学们要互敬互爱、互助互谅。在室友需要帮助时主动伸出温暖的手，如为生病的室友打开水、买饭、拿药，给遭受挫折、困难打击的室友以安慰，帮学习上遇到困难的室友答疑解惑。当与室友产生矛盾时，则要换位思考、律己宽人，如果是自己的错误要及时认错并致歉。当室友生日时可以精心挑选一份合适的小礼物。当自己、朋友或家长带来家乡的特产时，要热情大方地与大家分享。当室友的朋友或家长来校时，要主动热情地接待，提供方便的交谈环境，协助安排食宿；被访的室友不在宿舍里时，要主动帮助寻找；当室友的朋友或家长来往车站需要接送时，可帮助同学一起接送。

要增强集体荣誉感，自觉淡化生活中与室友相异的习惯，尽可能与集体保持一致，和室友开展一些如打球、踏青、秋游、聚餐等集体活动，增进彼此之间的感情。

案 例

学智的父亲突患重病住院，得知消息时他正在上晚自习，办好相关请假手续后，室友小杰陪他回宿舍将请假条交给宿舍管理员，拿了换洗衣服。家境并不太好的小杰塞给学智几包方便面、几瓶水，到校门口为他拦下一辆出租车，塞给司机15元钱作为打车费，嘱咐学智买到火车票上车后和到家后记得马上给他和班主任发短信。当学智连夜买了回安徽老家的火车票，深夜站在拥挤的火车上忍受着担忧、焦虑的煎熬时，才知道如果没有这几包方便面和水会是多么难受。

点评：

几包方便面、几瓶水、15元打车费，饱含着小杰对室友学智无微不至的关心，这份雪中送炭的关心和帮助令学智心里对小杰充满了感激。

讨论：

当学智从老家回到学校时，应该对小杰说些什么呢？

5. 讲究卫生，保持整洁

整洁干净的宿舍环境，不仅有利于同学们的身心健康，也给同学们创造了良好的生活条件。所以，同宿舍的全体成员既要做好个人卫生，也要共同保持宿舍整洁。

“宿舍是我家，文明靠大家。”宿舍里的每位同学都有责任营造良好的宿舍卫生环境。每天起床后要按照学校的规定整理好床铺，将毛巾、牙刷、茶杯等物品整齐地放置在指定位置。平时要搞好个人卫生，勤洗澡、洗头，勤洗手，勤换衣物，勤洗衣被、枕巾，生病及时吃药，以免传染给他人。

值日的同学要及时将宿舍地面打扫干净，将门窗、书桌、书柜、洗漱台等擦干净，带卫生间的宿舍要特别注意将卫生间冲洗干净。

在宿舍里学习或活动时，要保持室内干净，不吃有异味的食物，及时通风，保持空气通畅，发现地上有纸屑等杂物要及时捡起，地脏了要及时拖洗干净，垃圾满了要及时倒掉。

案例

小毛常常被室友们吐槽：东西乱丢乱放，袜子、衣服脏了不及时洗，很少做值日。有一次他起床晚了竟忘记铺床叠被，害得当日的宿舍卫生检查得零分。入校快一年了，小毛所在宿舍的卫生得分经常垫底，室友们对他很是恼火，一再劝说无效。一天，值日生小孙打扫宿舍卫生时，一气之下把小毛藏在球鞋里臭烘烘的脏袜子塞到了他的枕头下。

点评：

小毛的行为严重影响了自己和室友们的正常生活与集体荣誉，导致和室友们关系紧张。“一屋不扫，何以扫天下？”这样的人走到哪里都不会受欢迎。小孙把小毛的臭袜子藏到其枕头下的做法也不对，与室友产生矛盾时应多沟通。

讨论：

请你为小毛的室友出出主意。有什么办法能让这个宿舍的同学们共同创造和谐文明的良好宿舍环境呢？

6. 按时熄灯，保持安静

在规定的休息时间里，要按时熄灯，保证宿舍的安静，营造一个舒适的空间，不要在宿舍里高声说笑，也不要在走廊里大声喧哗。

如果要与同学商量问题，可以到室外讨论；如果要听音乐、看视频，应戴上耳机。

有室友在睡觉时，应尽量减少在宿舍里的活动，如果要用床头灯，应把灯光调暗。接听或拨打手机要走出宿舍，声音尽量放低。熄灯后不要用手机或电脑看视频、打游戏。

7. 尊重宿舍管理员，拜访有度

（1）尊重宿舍管理员

宿舍管理员为同学们住宿提供服务、进行管理，使同学们得以在舒适、愉悦的宿舍环境里生活，同学们要尊重他们。

见到宿舍管理员要主动微笑问好，离开宿舍区时向他们礼貌道别，在生活上得到他们的关心帮助时要及时表示感谢，遇到问题与他们沟通时要心平气和、文明有礼。有时从家里带来家乡的特产时，在请室友们适量分享的同时也可以送给宿舍管理员尝一尝。

（2）到周围宿舍串门要有礼有度

宿舍是同学们休息娱乐的地方，也是课堂之外重要的交流场所。宿舍之间串门也有礼可讲。

不要在同学们集中处理生活问题或已经熄灯休息的时候串门，如果确实有事情，应提前与人约好。进入其他宿舍的时候，要与所有的同学打招呼、问好。不要随便乱坐，经允许后可以坐在邀请者指定的椅子或他的床铺上，不要随便翻看、乱动、使用别人的东西。最后，不要大声说话，串门的时间也不宜太久，离开的时候要向所有的同学表示感谢并道别。

总之，宿舍是反映同学们精神文明和礼仪修养的一个窗口，一定要格外重视宿舍礼仪，这既是对他人的尊重，也是个人良好修养的体现。只有每个成员都讲究宿舍礼仪，才能让友谊之花开满宿舍，拥有舒心温暖的宿舍生活。

（三）食堂礼仪

学校食堂就餐时间相对集中，就餐人数较多，工作人员也相对繁忙，同学们不能忽视就餐礼仪。

1. 规定时间，遵守秩序，互相礼让

同学们在学校规定的时间内到食堂就餐，就餐时要有序排队，排队时不要大声喧哗，不要敲打手中的餐具，更不要在排队的时候追逐打闹。

如果情况特殊，时间紧迫，要与排在自己前面的同学讲清缘由，得到同意后可以排到他们的前面提前买饭。遇到试图插队的同学要礼貌地劝阻，不能大声呵斥甚至谩骂。

2. 尊重食堂服务员

为了让同学们能吃上好菜好饭，健康成长，为同学们的学习提供保证，食堂服务员们付出了辛苦的劳动，同学们要像尊重老师一样尊重他们。

在食堂买饭的时候，可以用微笑或目光向服务员问好；离开窗口的时候，要向他们表示感谢。

在打饭时，以简短、准确的语言报菜名。当自己报菜名出现错误时，要主动道歉，不要与服务员争吵；如果是服务员出了差错，要主动提醒他，不要出言不逊。

打饭时应提前准备好饭卡，以免临时寻找，耽误时间。要爱护刷卡设备。

用餐完毕后，要将餐具交还到收餐处并将餐具分类。

如果饭菜有问题，不要同服务员争吵，可以将意见投放到食堂意见箱中或向学校相关管理部门反映问题，帮助食堂注意饮食卫生和提高服务质量。

3. 注意卫生

饭前要洗手，减少通过就餐卡传递病菌的机会。

进食堂，不应随地吐痰，不应向地面洒水、扔杂物。遇到下雨天，进入食堂时最好将伞用塑料袋装好。

用餐交谈时不要将唾沫飞溅到别人的身上或者餐具中。坐姿要端正，不要坐在桌子上或踩在椅子上。不要把不爱吃的菜或骨头、鱼刺、菜梗等物吐在地上或餐桌上。不要随便夹别人碗中的食物吃。

如果自己患有肝炎等传染病，应该主动自带餐具；如果患有感冒等，要尽量避免在就餐人员集中时进入食堂，咳嗽时要用纸巾或手帕捂住嘴。

吃完饭一定要漱口，保持口腔卫生。

4. 节约粮食，坚持光盘

勤俭节约是美德。同学们就餐时要按照自己的需要购买饭菜，尽量做到光盘，拒绝浪费。同时，要注意均衡营养，细嚼慢咽，不要暴饮暴食，也不要刻意节食，以免影响身体健康。

课堂活动

2021 年 4 月 29 日，《中华人民共和国反食品浪费法》颁布并实行，指出：“国家倡导文明、健康、节约资源、保护环境的消费方式，提倡简约适度、绿色低碳的生活方式。”“个人应当树立文明、健康、理性、绿色的消费理念，外出就餐时根据个人健康状况、饮食习惯和用餐需求合理点餐、取餐。家庭及成员在家庭生活中，应当培养形成科学健康、物尽其用、防止浪费的良好习惯，按照日常生活实际需要采购、储存和制作食品。”“推动开展‘光盘行动’，倡导文明、健康、科学的饮食文化，增强公众反食品浪费意识。”

同学们应如何拒绝舌尖上的浪费，将“光盘行动”贯彻到底呢？请认真填写表格，从在家中、学校和外出用餐等方面，切实践行“光盘行动”。

所在场合	我们的妙招
在家中	
在食堂	
在餐馆	

（四）集体活动礼仪

集体活动是指在校期间由班级、学校统一组织的由全部成员参加的德、智、体、美、劳等内容的活动。集体活动扩大了课堂范围，对于培养学生的集体主义观念，提高各方面素质，健康地成长成才具有很好的促进作用。同学们应积极参加集体活动，在集体活动中遵守礼仪，遵守纪律要求，听从集体活动组织者的指挥，扮演好自己在集体活动中的角色。

1. 登台发言

学生登台发言，一定要做好充分的准备，熟悉发言内容。

上台前，如果由于羞怯紧张，导致脸红心跳，应注意控制情绪，通过提前熟悉环境、做深呼吸等方式让心情保持平静，并积极暗示自己：“我能做得很好！”

上台时，要仪态自然，步伐沉稳，神态自若，衣着端庄得体。登台步入台口时应停步，先向主席台行鞠躬礼，表示对领导、师长和来宾的敬意，再转向与会观众行礼，然后走到发言席发言。

发言前面带微笑，扫视全场，展示自信的精神风貌。发言时要站姿端正、说普通话、吐字清晰、声音洪亮、语调平稳、语速适当、感情真挚、表情自然。有讲稿时，要注意适时抬头目视听众，讲到情绪高涨处可适当伴以手势。忘记台词时，不要有抓耳挠腮、伸舌头、咬嘴唇等小动作。

发言结束时，应先向与会观众行礼，再向主席台行礼，然后大方沉稳、面带微笑地走下发言席。

2. 升旗降旗

国旗是神圣而庄严的。升降国旗应该在一种严肃、庄重的气氛中进行。在升降国旗仪式中同学们要遵守礼仪规范。

(1) 升旗

升旗仪式开始前，同学们要面向国旗列队站好，仪表要规范，仪态要庄重，穿着要整洁。旗手、护旗手、主持人等做好准备。

主持人宣布开始，全体脱帽肃立，注视旗手；旗手持旗，扛在肩上或举至肩，护旗手站在旗手两侧，齐步走向旗杆，悬挂完毕，做好升旗准备。

当国歌奏响时，升旗手在国歌声中将国旗徐徐升起至旗杆顶部，全体立正，向国旗行注目礼，唱国歌。

若有宣誓，则在礼毕后由仪式主持人带领，同学们举右手进行宣誓。

(2) 降旗

按有关规定，降旗仪式一般在每日傍晚前进行。降旗时，所有经过现场的师生、员工应面对国旗，自觉肃立，行注目礼，待降旗完毕，方可自由行动。

小知识

我国修改国旗法、国徽法

第十三届全国人民代表大会常务委员会第二十二次会议于2020年10月17日表决通过关于修改国旗法、国徽法的决定，并于2021年1月1日起施行。

对于损害国旗、国徽尊严的行为，修订后的国旗法、国徽法中有禁止性规定。比如，国旗法明确，不得倒挂、倒插或者以其他有损国旗尊严的方式升挂、使用国旗。不得随意丢弃国旗。在公共场合故意以焚烧、毁损、涂划、玷污、践踏等方式侮辱国旗、国徽的，依法追究刑事责任；情节较轻的，由公安机关处以15日以下拘留。

3. 开学典礼

开学典礼的仪式程序一般是：升国旗仪式、主持人宣布典礼开始、领导讲话、教师代表讲话、学生代表讲话。

参加开学典礼时无故不要缺席，不要迟到，应随班集体提前到达会场，到指定位置就座。在主持人宣布开学典礼开始或介绍学校各级领导和来宾时，在领导、教师、学生代表发言时，应适时报以热烈掌声。奏唱国歌时，要听从主持人指挥，原地起立，脱帽立正。整个过程中，要认真倾听，不要交头接耳，不要做与典礼无关的事情，不要随地吐痰、乱扔杂物，保持会场的安静和清洁。开学典礼结束后，应等主席台上的领导、来宾退席后再按顺序退场。

4. 毕业典礼

参加毕业典礼时无故不要缺席，不要迟到。要严格遵守会场纪律，切不可因为即将离开学校就随随便便，无所顾忌，破坏良好的会场秩序，要给母校、老师、同学留下一个美好的印象。在典礼上，在校领导、教师和学生代表上台发言时，在毕业生代表上台接过校领导授予的毕业证书、荣誉证书时，都要适时鼓掌表示祝贺。要以留恋、严肃、认真的态度参加毕业典礼。在结束时，要等主席台成员退席后，按照要求有秩序地退场。

5. 观看比赛

观看各类比赛时，要准时排队入场，在指定位置入座，不要携带易燃易爆物品和宠物入场。观看比赛时，不要随意走动或站着观看。不要大声喧哗，不要起哄、吹口哨、喝倒彩、扔东西。适当热情地为参赛各方加油，使用的标语、口号要文明健康，喝彩、助威要适时适度，不干扰参赛者的比赛情绪和比赛节奏。比赛结束时，要向参赛者们鼓掌致意。无特殊情况，一般不要中途退场。退场时，不要争抢，并将果皮等杂物带到场外扔进垃圾箱。

二、校园交往礼仪

（一）尊敬师长

学生在学校里学习，除了同学之外，接触最多的就是老师了。尊敬师长，构建和谐的师生关系，才能保证教学相长，让老师享受职业的幸福，同学们获得成长的快乐。

1. 与老师交谈应以倾听为主

在与老师交谈时，尤其是在与老师探讨学术问题的学习过程中，学生应该以倾听为主，表达不同看法时要注意礼貌，重要的地方应注意做好笔记。

2. 大方得体地向老师问好

同学们见到老师的时候应面带笑容问候“老师，早上好”“老师，您好”。即使是在校园里见到没有给自己上过课的老师，也应微笑点头问好。在楼道、走廊等狭窄处应注意让行。

案 例

小婷和小燕在上西点裱花实训课时，拿着裱花抹刀、端着蛋糕转盘到洗手间去清洗。返回时，在教室门口遇到王院长陪同来访的外校客人参观，小婷和小燕连忙侧身让路，微笑着鞠躬问好：“老师们好！王院长好！欢迎莅临指导！”待客人和王院长回礼、进入教室后，才随之走进教室，回到自己的实训工位上。客人们纷纷赞叹："你们的学生真有礼貌！""是的，必须大大地点赞！"小婷、小燕听了，开心得像喝了蜜一般。

点评：

小婷、小燕礼貌地为客人和师长让路，主动微笑着向他们鞠躬问好，既是个人良好修养的体现，也是学校良好形象的展示，既令师长和客人备感愉悦，也让自己深感开心和自豪。

讨论：

你有过不尊重老师的行为吗？如果有，下次遇到类似情形时你会怎么做呢？

3. 进出办公室应文明有礼

办公室是教师及学校管理人员办公的地方，同学们不要随便进出，以免影响办公。

（1）提前预约，准时到达

老师在办公室里要处理的事情很多，时间往往安排得很紧凑，随便打扰老师会影响其正常工作，也是一种不礼貌的行为。如果事出有因，要事先和老师打招呼预约，把约见的目的讲清楚，以便老师做好准备，也节省自己的时间，若是临时有急事或是老师让学生到办公室则另当别论。

学生在约定的时间里必须准时到达，可以早到几分钟等待老师，不可迟到让老师等待。如果约定较早，在约见时间到来之前应再次确定，看老师是否因故改变了计划。如果出现变动，就要主动提出放弃约见，重新约定时间。

（2）敲门喊"报告"

进入老师办公室时，无论门是否开着，都要敲门喊"报告"，进入后与在场老师微笑问好："老师们好！"如果老师示意坐下，就大方落座谈话。如果老师没有请你坐下，不能随随便便拉过椅子就坐。如果老师请你喝水，要站起来双手接过并道谢。

（3）不乱动老师的东西

进入老师办公室后不要乱动老师的东西。如果老师暂时不在办公室，需要等待时，可以看看报纸，也可以坐等老师到来，但是注意不要坐在其他老师的座位上。如果正好碰上老师在与他人谈话，应该主动提出换个时间再来，以表示尊重。若老师表示不必介意，可站在一旁静静等候，不要轻易插话。

（4）控制好时间

如果不是老师主动提出，最好不要在中午的时候去老师办公室，以免影响老师休息。事情处理完毕要及时离开。同时还要注意，与老师谈话时声音要轻，以免影响其他老师休息。

（5）有礼貌地向老师道别

离开老师办公室时，要礼貌地向老师道别，并对老师给予的帮助或教育表示感谢。

如果是坐着交谈，临走前要把椅子轻轻地放回原处。如果老师要送学生出办公室，学生要请老师留步，不能只顾自己走。如果请教的问题还没有完全解决或谈话还没有结束，上课铃响了或已到下班时间，应征求老师的意见，约定继续谈话的时间后再告别离去。进出办公室的动作要轻，不要大声喧哗，以免影响其他老师工作。

4. 有事外出需请假

遵照学校管理制度，学生有事需要外出时，必须向老师请假并办理请假手续。在万不得已的情况下，可以打电话或用其他方式请假，但是回到学校后应立即向老师说明情况并补办手续。假期结束后，如果不能及时回到学校，也应该与老师通过电话沟通续假。如果老师不同意，就应该克服困难，尽快回到学校；如果得到老师同意，也应该在回校以后向老师说明情况，表示感谢。

5. 虚心接受老师的批评教育

教师的职责是教书育人。学生应该虚心接受老师的批评教育。如果老师的批评与事实有出入，学生要在老师讲过之后平心静气地加以解释，或在事后寻找适当的场合、时机加以说明。与老师发生矛盾，学生不要顶撞老师，更不能打骂老师，或是在课下散布对老师的不满情绪，发泄无礼的言辞。如果的确是自己做错了，要勇于向老师认错，并请求老师原谅。

6. 适时表达对老师的尊重、关心和体贴

案例

郑老师很注重引导学生从细节处体现文明素养，和同学们相处久了，总能惊喜地发现大家的变化："每当晚自习结束，走出教室，总有学生抢着帮我拿书、拎包；有男生匆匆跑到楼梯间，将楼梯门打开，发出声响使感应灯亮起，绅士般欠身伸手，请我靠扶梯行走；上课忘记带水杯，有同学悄悄递上一瓶矿泉水；一起步行时，同学们总要我走靠里的一边；聚餐碰杯时则会把杯子一再压低……家长们也纷纷称赞自己的孩子更加懂事、有礼貌了。每当这时，为师的幸福感便油然而生。感激我的学生们！"

点评：

教育关心学生是老师的职责，同学们的知识水平、思想修养在老师的帮助教育下不断提升，会使老师感到自己的劳动有了价值，在同学们成长的同时享受到职业的幸福。同学们从细微处体现对郑老师的关心和体贴，使她既开心又感动。

讨论：

你常从哪些细节体现对老师的尊重、关心和体贴呢？老师有没有被你的这些细节感动过？

同学们要学会在平时的言谈举止间表达对老师的尊重、关心和体贴，也可在教师节、妇女节和春节等重要日子里向老师表示祝愿。

案例

一批刚走进北大校园的年轻人，相约去看著名学者季羡林先生，走到门口却开始犹豫，他们怕冒失地打扰了先生。最后决定，每人用竹子在季老家门口的土地上留下问候的话语。然后满意地离开了。

点评：

留在季老家门口的问候语体现的正是北大学子们对师长的尊重。

讨论：

在教师节等重要日子里，你怎样表达对老师的关心和敬重呢？

（二）关爱同学

在校学习时，同学们朝夕相处，是亲密的伙伴，如果拥有良好的人际关系，能够时时感受融洽的集体氛围，对于同学们来说，是一种能够影响一生的幸福。所以，同学们彼此应该以礼相待，注意文明礼貌。

1. 相处之道

（1）互相尊重

有的同学认为，同学之间长期相处，友谊日深，亲密无间，不必以礼相待，其实这是一种误解。同学之间的感情是在互相尊重、互相帮助、互相关爱的基础上形成的，越是这样，就越应该珍惜这种感情，谈吐举止要有分寸。对于同学遭遇的不幸、偶尔的失败、学习上的暂时落后等，不仅不能嘲笑、歧视，而且应该给予热情帮助。不要对同学评头论足，和同学开玩笑要讲究轻重，不能侮辱、打骂同学。要尊重他人的生活习惯。

案例

小张和小黄是大学同学兼室友，感情一直不错。但小张经常抱怨说受不了小黄给他起的绰号“矮子哥”。一天早上，在去上课的路上，小黄不停地叫小张的绰号，引起小张极度不满，于是小张和小黄吵了起来。

点评：

有的同学认为，同学之间相互称呼绰号是一种亲昵的举动。一般来说，含有对对方的赞赏或表扬的绰号会让人觉得受到了肯定，有利于建立良好的同窗关系，但拿对方身材、智力、家庭等开玩笑，却是对别人的不尊重，应该禁止，以免造成严重的后果。需要注意的是，即使是称呼赞赏或表扬的绰号，也要征得对方同意。

讨论：

小张在小黄为自己起绰号时应该怎样做，才能使小黄纠正自己不尊重同学的言行？

（2）真诚友好

真诚是打开别人心灵的金钥匙。同学们在交往中，有一个从陌生到熟悉的过程，真诚是巩固和加深友谊的催化剂。和真诚的人在一起能使人产生安全感。同学之间的真诚体现在对人友好，平时遇见同学要热情打招呼，可以问好、点头、微笑、招手或喊一声名字等。对别人的热情则要及时回应。

（3）融入集体

每个人都离不开集体，如同一滴水离不开浩瀚的大海。虽然同学们都有鲜明的个性，不愿依附于任何人，但个人的成长不可能是孤立的，所以，同学们要学会过集体生活，学会顾全大局，培养自己的集体意识。只有融入集体，和其他同学共同营造一个团结友爱、积极向上的集体，才能更好地成长成才。

（4）善于交谈

同学之间的交流无处不在，好朋友之间甚至可以无所不谈。交流可以增加同学之间的了解，增进友谊，增长知识。在交谈时，说话态度要诚恳谦虚，语调平和，不可装腔作势。交谈中力求语言文雅，注意场合分寸。听同学说话时态度要认真，不要轻易打断别人的讲话，要插话或提问时应选择适当的时机。若同学说法欠妥或说错了，应在不伤害同学自尊心的情况下，恳切、委婉地指出。吵架、骂人、说难听话是一种没有教养的行为及无礼的表现。如果在交谈中因为言辞不当伤害了对方，应及时真诚地道歉。致歉的方式有直接口头致歉、电话致歉、用手机发消息致歉、由他人转达歉意等。

案例

小青和小悦是好朋友。一次，学校发放贫困学生助学金，小青知道小悦家因母亲常年生病，经济比较困难，符合申请资格，便催促小悦去找班主任申请。但小悦性格内向，自尊心又强，迟迟不肯行动。小青急了，冲着小悦大声说："你家里困难，现在为什么又不申请助学金呢?"当时正是课间，很多同学的目光被小青的大嗓门吸引过来，小悦一言不发，脸上一阵红一阵白，十分不快。小青顿感失言，却不知道如何补救。两人好长一段时间都没有说话。

点评：

在日常交往中，小青作为小悦的好朋友，关心她的家庭状况，体现出小青的待人诚恳、热情善良。然而，小青在公共场合应保护小悦的隐私，而不是让好朋友难堪甚至气恼。小悦也应该谅解好朋友的无心之言，两人为小事互不搭理不是同学间友好相处应有的表现。同时，申请助学金并不会低人一等，小悦不必为此事困扰。

讨论：

小青、小悦怎样做才能和好如初呢?

小知识

道歉的五种方式

道歉是消除误会、弥补过错、化解矛盾的重要形式。

以下五种道歉方式，大多数人使用其中的一两种就能更有效地表达诚意，而不必把五种全都用上。只要对方认为你的道歉是出自真心的，一般都会接受。

1. 表达歉意："我现在才知道已经深深地伤害了你，我很后悔，我为自己的行为真心地向你道歉。""我当时没有认真考虑你的感受，但现在我知道我的话太过火了。很抱歉，我当时太不礼貌了。"

2. 承认过错："我知道我做错了，我的做法很自私。""我犯了一个大错误，只怪我当时没有三思而后行。我错了。”“我那样对你讲话是不对的，我的话既刻薄也不符合事实。”

3. 弥补过失：“我能做些什么来弥补我的过错呢?”“我知道我深深地伤害了你，我愿意做点事情来弥补，你能给我一个机会吗?”

4. 真诚悔改：“我知道自己的行为给你带来了痛苦，我再也不会那么做了。我会积极听取你关于我应该如何改变的任何想法。”“你愿意在我‘旧病复发’的时候提醒我吗？你的提醒会让我停下来并改变方向。”

5. 请求宽恕：“我不该那样对待你，请你原谅我。”“我深深地伤害了你，你有理由不理我，但我还是希望你能原谅我。”

（5）帮助他人

助人为乐是中华民族的传统美德之一，也是校园礼仪中不可缺少的部分。当同学需要帮助时，我们要分清是非，弄明情况。如果是对的，应尽力而为，量力而行，助其一臂之力，切忌视而不见、置之不理。值得注意的是，如果他人要求你弄虚作假，或者是做违法乱纪的事，则要有正确的是非观，不可同流合污。

自己需要他人帮助时不要强求，尽量不给别人造成困难，甚至带来麻烦。

2. 交往忌讳

（1）忌人格不平等

同学之间在人格上是平等的，自傲或自卑都可能影响同学关系的正常发展。

（2）忌小群体

在一个集体里学习和生活，总有一些关系不错的朋友，但忌长时间只接触几位关系好的同学，而不和其他人相处。尤其是当小群体的利益与集体的利益发生冲突时，则应以集体利益为先，舍弃小群体利益。

（3）忌攀比

同学之间可以比志气、比信心、比学习的动力，这样可以形成你追我赶的学习气氛。但作为学生，不能盲目攀比，比物质、比消费，这样只会越来越爱慕虚荣，不利于良好品格的培养。

（4）忌说三道四

在背地里说三道四是人际交往中最忌讳的事情。正确的做法是谨言慎行，自己不传不说；听到别人说时，要认真分析真伪，不要轻信或盲从。

（5）忌说话伤人

“良言一句三冬暖，恶语伤人六月寒。”要尊重他人，忌自以为是、出言不逊。

（6）忌不良效仿

同学之间交往要互助互进，这才是有益的往来。近朱者赤，近墨者黑。要善于交友，学会选择，确立正确的学习榜样。

3. 避免与同学发生争吵的方法

（1）沉默以对

耐心等对方把话说完，在双方情绪都比较激动的情况下，尽量保持沉默。避免自己当场发火，可能就会避免一场争吵。

案 例

小潘和小孟是好朋友。一天，两人吵架了，闹得很凶。小潘说："我们绝交吧，你让我失望了。"小孟不作声。第二天，小孟递给小潘一个大苹果和一袋牛奶，不好意思地笑道："对不起，昨天是我态度不好，说话太冲。我不愿失去你这个好朋友。我请你吃苹果、喝牛奶，请你原谅我！"小潘也承认自己有做得不好的地方，两人和好如初。

点评：

当和好朋友小潘闹矛盾，听到对方提出"绝交"时，小孟选择了沉默。等到第二天小潘心中火气渐消时，小孟用真诚的语言和行动表达了歉意，使得友谊的小船没有说翻就翻。这是十分明智的做法。

讨论：

小潘听了小孟的肺腑之言，会如何回应呢？

（2）幽默是金

当双方争吵的导火索即将点燃时，一方以幽默的言语改变现场紧张气氛，是睿智的办法。

案 例

学校要开运动会了，体育委员小张组织同学们在操场训练齐步走。一位同学总是同手同脚，引得大家想笑。杨鑫同学没能忍住发笑，被小张发现了。见小张黑着脸朝自己走来，杨鑫暗叫不妙："我这次死定了！"在他准备接受批评、惩罚时，小张挥拳怒道："让你尝尝我的洪荒之力，我打！"随即一拳轻轻打在了杨鑫身上，虽然不重，但杨鑫却似乎被打蒙了。同学们不禁大笑了起来，杨鑫也不好意思地笑了。训练继续进行。

点评：

小张佯装发怒、挥拳轻打，诙谐幽默的话语加上夸张的动作，巧妙地制造了轻松有趣的氛围，既保护了做错动作同学的自尊心，又促使杨鑫同学知错就改，训练得以正常进行。

讨论：

如果你是那位在齐步走中同手同脚的同学，当自己拖了集体的后腿时，你会如何用幽默的方式表达歉意呢？

（3）心平气和

当双方言语激烈时，自己不妨学会心平气和、表情自然，尽量放低说话的音量和放慢说话速度。

（4）就事论事

争论时不要翻老账，不要对过去的事情耿耿于怀、揭人短处，更不能对他人进行人身攻击。

（5）换位思考

争论时，不妨反过来问问自己，到底自己对不对，换位思考一下，站在对方的角度看问题，争吵可能就不会继续。

（6）合理退让

在多数场合下，与人争吵并不能真正把对方说服，反而会使对方更加坚持自己的意见。在争吵时做出合理的退让有利于化解争吵。

4. 与异性同学交往

处于青春期的同学们对于异性的认识刚刚萌芽，处于朦胧阶段。在这一时期，人的第二性征发育、自我性别的认同、思维的发展、记忆力、想象能力等都处于最旺盛的时期，因此，可以说青春期是人们学习文化知识、社会交往技巧的最佳时期，如何同异性同学交往是一个不可回避的问题。

案 例

小峰对邻桌女生产生了好感，买雪糕总是买两支，有新书主动借给她，晚上放学还护送该女生回宿舍。学期结束时，小峰便兴奋地提出“发展恋爱关系”，该女生却说他有“歪心眼”，并让老师给调了座位。被浇了冷水之后，小峰不但没有冷静下来，反而产生了强迫性思维：“她为什么不喜欢我呢？我长得太瘦弱？我对她还不够好？”终日胡思乱想，使他的成绩不断下降，整天无精打采。

点评：

小峰爱慕邻桌女生是青春期的正常表现，但因此分散了精力，影响了学习和身体健康却不可取。

讨论：

小峰应该怎么办呢？

有的家长、老师、学生对异性交往存在着理解的偏差，认为这个时期的男女同学之间不应接触，还太早，不够成熟，或者认为与异性同学交往会分散学习精力，影响学习，又或者认为与异性同学交往必定就是早恋。

实际上，与异性交往是青少年心理发展的正常需要。同学们应遵循以下几个原则，使异性同学之间的交往向健康、积极的方向发展。

（1）多参加集体活动

异性交往的动机有很多，很多同学并非为了“恋爱”而接触异性，只是出于对异性的好奇。这个时候，集体活动能够给大家与异性接触和了解的机会，能够形成更积极健康的异性友谊。

（2）自我保护与自制

异性有一种自然的吸引力，男女同学都应懂得自我保护，强调自己的自制力，注意保持一定的交往距离。与异性同学交往不宜在阴暗、偏僻的场所，而应在公共场所；不宜在晚上单独交往；到异性宿舍，应得到准许，且不应停留过长时间。

与网络虚拟世界的异性交往更要多加谨慎，最好不要通过这种方式与陌生异性交往，防止交友不慎，上当受骗。

总之，同学们可以通过学习了解关于异性的知识，正确看待性知识，实现文明、聪明、理智的交往。

校园是学生学习、生活和娱乐的公共场所。作为学生，同学们的大部分时间要在校园里度过，美好的校园生活需要礼仪的协调，每位同学都有责任维护校园的秩序。“纸上得来终觉浅，绝知此事要躬行。”让我们知行合一，自觉遵守校园各项礼仪规范，养成讲文明、懂礼貌、重礼仪的行为习惯，做文明有礼的学生，促进班级、学校、社会的和谐。

思考与练习

1. 课堂礼仪包括哪些内容？

2. 如何正确看待与异性同学的交往？

3. 小季是班级里的纪律委员，对待工作非常认真，经常主动向班主任反映同学们的一些违纪现象，但是同学们认为他经常打小报告，对他意见越来越大，本来和他关系不错的舍友们也开始疏远他。小季该怎么办呢？

课外拓展

形象永远走在能力前面

（有删改）

杨 澜

虽然我们一再强调，不要过分关注一个人的外表而忽视了其内在的品质，但我们也要认识到，一个人的形象是一张名片。衣着得体、外表端庄是对他人的尊重，也是自我成熟的表现。没有人有义务必须透过连你自己都毫不在意的邋遢外表，去发现你优秀的内在。

1995 年的冬天，如果我再找不到工作，放弃几乎成为唯一的选择。

可我再一次被拒绝了。想起那个面试官的表情，我非常抓狂。她竟然说我的形象和我的简历不相符而拒绝继续向我提问。我低头看自己的打扮，很明显，因为穿着问题，我被她鄙视了。我发誓我可以用我的能力让她收回对我的鄙视，但我没有得到表现我能力的机会。

形象往往走在能力前面。

我的房东莎琳娜太太是一个很苛刻的中年女人。她规定我必须 12 点之前熄灯睡觉，规定我必须在 10 分钟之内从浴室出来，规定我如果不穿戴整齐就不准进入她的客厅，她甚至规定我在她有客人来访的时候必须涂口红！

我非常讨厌莎琳娜这种所谓的女性尊严。但所有人都说，莎琳娜是最好的寄宿房东。

我看不出她好在什么地方。就好比，当我很多次面试失败回来后，厨房里一点吃的都不会有。并且如果我上楼发出声音，她会站在卧室门口很大声地指责我。

我刚刚洗完头发，坐在床上，一边翻看报纸的招聘信息，一边吃我带回来的面包卷。这很是违反了莎琳娜的原则。她冲上前来，一把夺过我的面包和报纸，用英文大吼："你这个毫无素质的女孩儿！你滚出我的家！"

我于是披散着头发，在睡衣外裹上大衣冲出了门。

25年来，我以非常漂亮的成绩和能力一路所向披靡，从来没有人说我没有素质。

我们家并不贫穷，但25年来我的妈妈一直告诉我，能力才是最重要的。我不能明白以貌取人在这里居然成为一个正义的词语，这简直是对我25年的人生观的侮辱！

我愤怒地冲进一家咖啡馆，天气实在太冷，我也很饿。

咖啡馆的人居然很多。侍者以一种奇怪的眼神把我引到一个空座位边，那是咖啡馆里唯一的空位。我的对面是一个老太太，她看起来比莎琳娜更加讲究，就像伊丽莎白女王一样尊贵与精致。我下意识地收起自己宽松睡裤下的运动鞋。然后我看到她裙子下着了丝袜和漂亮高跟鞋的腿，以她这样的年纪，却仍然把这样的鞋子穿得非常迷人。

在很多高级餐厅里，衣衫不整是被拒绝进入的。我想我能进来的原因大概是因为我穿了价值不菲的大衣。我不由得暂时收起自己的愤怒，说："给我一杯热咖啡，谢谢。"

侍者走开后，对面的老太太并不看我，而是从旁边拿了一张便笺，写了一行字递给我，是非常漂亮的手写字："洗手间在你的左后方拐弯。"我抬头看她，她正以非常优雅的姿势喝咖啡，没有看我半眼。我的尴尬难以言明，第一次觉得不被尊重是应该的。

我的头发被风吹得非常凌乱，我的鼻子旁边甚至还沾了一点面包屑！虽然我的大衣质地非常好，但我的睡裤被它衬得很老旧。我第一次有点看不起自己。这样的打扮，我有多不尊重自己，以致使别人觉得我也不尊重她们。我想起下午去面试时自己的日常便装，那应该也是对一个高级经理职位的不尊重吧？

当我再回到座位的时候，那个老太太已经离开了。那张留在铺了细柔格子餐桌布上的便笺多了另一句漂亮的手写字："作为女人，你必须精致，这是女人的尊严。"

我逃也似的走出了那家咖啡厅。莎琳娜竟然坐在客厅里等我，一见我就对我说，我超过了12点10分钟才回来，所以明天必须去帮她清洗草坪。我答应了她，并向她道歉。

我发现莎琳娜教了我许多同样有用的东西：12点之前睡觉能让我第二天精力充足，穿戴整洁美观能让别人首先尊重我，穿高跟鞋和使用口红使我得到了更多绅士的帮助，我开始感觉自己的自信非常充足而有底气，我不再希望别人通过看我的简历来判断我是不是有能力。

我最后一次面试，是一家大牌化妆品公司的市场推广。我得体的着装打扮为我的表现加了分。那个精致干练的女上司对我说："你非常优秀，欢迎你的加入。"

我没有想到，我的上司居然就是我在咖啡馆里遇到的那位老太太。她非常有名，是这个化妆品品牌的销售女皇！

你必须精致，这是女人的尊严。

我对她说："非常感谢你。"是真的非常感谢她，非常感谢她那句"作为女人，你必须精致"，虽然她没有认出我。是的，没有人有义务必须透过连你自己都毫不在意的邋遢外表去发现你优秀的内在。你必须精致，这是女人的尊严。我在后来的后来，都一直记得！

感悟

主持人杨澜知性美丽、举止优雅、气质超群，2013 年被福布斯评为全球最具影响力的 100 位女性之一，1990—1994 年担任中央电视台《正大综艺》节目主持人，1994 年获中国第一届主持人金话筒奖。

她的经历告诉我们："你若盛开，蝴蝶自来！"

精致的外貌 + 优秀的内在 = 美好的形象！

还犹豫什么？尚在校园中求学的同学们，快快行动起来吧，严于自律，内外兼修，不断为自己加分！

行动

1. 正确的自我认知是完善自我的前提。请认真填写下表，对自己的校园礼仪素养进行全方位的评价，找出自己的不足，提出改进措施。

评价项目	评价内容	分值	自评得分	小组评分	综合得分
课堂礼仪	遵守纪律	5			
	专心听讲	5			
	积极发言	5			
	作业认真	5			
宿舍礼仪	保持整洁	5			
	按时就寝	5			
	节约水电	5			
	爱护公物	5			
食堂礼仪	自觉排队	5			
	保持卫生	5			
	节约粮食	5			
	爱护公物	5			
活动礼仪	积极参加	5			
	穿戴得体	5			
	态度认真	5			
	遵守纪律	5			

续表

评价项目	评价内容	分值	自评得分	小组评分	综合得分
交往礼仪	尊重他人	5			
	主动问候	5			
	互助互谅	5			
	举止得体	5			
总计		100			
个人分析					
小组建议					
改进措施					

2. 以小组为单位，总结校园里教室、宿舍、食堂等场所中看到的不文明行为，制作成演示文稿，向全班同学展示，针对以上不文明现象和行为谈谈自己的感受，并提出具体的改进措施和建议。

3. 上台向某位老师或同学说声“对不起”或“谢谢”。

温馨提示：先简述致歉或道谢的原因，再微笑、真诚、具体地表达歉意或谢意。

4. 以小组为单位，上台进行“心灵交流”并记录在表中。

人物	交流内容	
男生	我们欢迎这样的女生……	1. 2. 3. 4. 5. 6. 7. 8. 9. 10.
女生	我们欣赏这样的男生……	1. 2. 3. 4. 5. 6. 7. 8. 9. 10.

第六课 未来职场 礼仪润滑

名言集锦

★ 君子敬而无失，与人恭而有礼，四海之内皆兄弟也。 ——《论语·颜渊篇》

★ 天时不如地利，地利不如人和。 ——《孟子·公孙丑章句下》

通过几年的学习，同学们最终将走上工作岗位。在当今人才济济、竞争激烈的社会里找到一份职业，尤其是适合自己专业和兴趣的职业，是一件令人羡慕的事。走出学校进入职场，怀揣技术、胸怀远大、满腔热情是不够的，还必须懂得职场规范和礼仪。

职场礼仪是指人们在职业场所中应当遵循的一系列礼仪规范。了解、掌握并恰当地应用职场礼仪会使你在工作中得心应手，使你的事业蒸蒸日上，在工作中不断获得实现自身价值的成就感和幸福感。

一、求职礼仪

求职面试礼仪是求职者的一门必修课。任何事情自有其成功的秘诀，若想获得一份心仪的职业，除了要有真才实学，还应具备一定的社交技巧，在招聘者面前展示个人良好的文明修养。

（一）求职准备工作

求职时，每个人都希望给面试官留下一个好印象，从而增加被录用的可能性。所以，事先做好求职准备，了解面试礼仪是非常重要的，这是迈向成功的第一步。

求职者在求职过程中，为了向用人单位全面提供自己的情况，并证明这些情况的真实性，往往要准备以下书面资料：学校的应届毕业生就业推荐表、求职信、个人简历、毕业证书、职业资格证书、职业技能等级证书、获奖证书、发表的文章、各类培训证书等。以上资料除了求职信外，其他均可用复印件。

以上资料中，求职信（也叫自荐信）是关键材料。求职信写得好会给招聘人员留下深刻印象，起到很好的自荐作用。

求职信的书写应做到以下要求：

1. 诚实

写求职信一定要诚实，不可谎报自己的经历和文化程度，要如实地写出你所具备的与应聘岗位相关的履历。当然，也不必过分谦虚，让对方怀疑你的自信心。

2. 优先选择手写

手写求职信可以表示对阅信人的尊重，使对方感受到你求职的诚意，能达到以情感人、以诚动人的效果。但如果字写得不好看，打印可避免“露短”。

3. 格式规范

求职信一般附在求职材料正文首页。从某种程度上说，求职信决定着你能否获得下一步面试机会。

求职信属于书信的范畴，其基本格式应当符合书信的一般要求，包括以下几部分内容。

（1）称呼

求职信开头要使用正确的称呼。

（2）正文

求职信应回答的问题有：“你是谁?”“你是怎么知道应聘单位的招聘信息的?”“你了解所要应聘的用人单位吗?”“你要申请什么岗位?”“你为什么认为自己适合这个岗位?”

一般来说，求职信的正文首先应简要介绍求职者的情况，如姓名、年龄等。接着要直截了当地说明从何渠道得到有关信息以及写此信的目的。再着重介绍自己应聘的有利条件，要特别突出自己的优势和闪光点，以使对方信服。最后表达希望对方给予答复，盼望能有机会参加面试，并提供自己的联系方式。

为了表示对对方的尊重，信中应适当选用谦辞、敬语，如“恳请”“敬请”“您”“贵公司”等。

（3）结尾

结尾写上“此致”“敬礼”等表示敬意、祝愿之类的祝词。

（4）落款

在结尾祝颂语后，另起一行在右下角写自己所在的学校和姓名。再另起一行在右下角写日期，日期一般用阿拉伯数字，年、月、日要写全。

（5）附件

求职信后附有效证件，如学历证、学位证、职业资格证、职业技能等级证书、获奖证书等的复印件及简历、近期照片等。可在求职信最后写上“附相关证书复印件”。这样做，既方便招聘单位审核，也能给对方留下做事认真细心、办事周到的好印象。

求职信往往会寄发给许多不同的单位，不宜千篇一律，以免张冠李戴。要针对目标单位的性质、特色撰写。篇幅不宜太长，一页即可。

个人简历没有固定的撰写格式，简单明了、一目了然即可，也可以用表格形式。学历、专业能力、特长、实践经历等重要信息浓缩在一页上，主次要分明。用人单位往往更看重你现在的学历和能力，所以，时间上宜从现在往前写。

求职信范例

求 职 信

尊敬的公司领导：

您好！

我叫×××，现年20岁，系×××××技师学院数控铣工专业××××届应届毕业生。近日从学院招生就业处公布的校园招聘信息中得知贵公司正在招聘，特致信自荐。

高中毕业后，我立志走技能成才之路。四年的技校学习生活增长了我的学识，锻炼了我的能力，磨炼了我的意志。我热爱所学专业，勤学苦练，先后学习了机械制图、机械制造工艺和装备、金属材料与热处理、工程力学、机械设计基础、机床夹具设计等课程，掌握了CAXA和AutoCAD等软件的应用，对普通机床、数控机床等设备的使用和维护有一定的经验，获得了车工中级、高级和数控铣工中级、高级及技师职业技能等级证书，先后6次获得国家励志奖学金、学院特等奖学金等。

我性格随和、乐观开朗、勤俭朴素、以诚待人，有较强的时间观念和组织纪律性。担任系学生会干部和班干部时乐于奉献、认真负责、任劳任怨，有较强的工作能力和组织协调能力，是老师的得力助手。

自立自强的我深知社会是一所好大学，我坚持利用课余时间和节假日到企业实习，先后从事润滑油销售、机床操作等工作，工作认真负责、吃苦耐劳、虚心好学、踏实细心，深受领导和同事好评，也积累了一定的工作经验，提高了综合素养和工作能力。

感谢您在百忙之中给予我关注，愿贵公司事业蒸蒸日上。如果您能回复我，给我面试的机会，我将不胜感激。我的联系电话是×××××××××××。

如果我有幸成为贵公司的一员，我会争做一名优秀员工；如果我暂时不能进入贵公司，贵公司对员工的素质要求也是我今后不断加强职业修养的基本标准。

此致

敬礼

求职者：××××技师学院×××

××××年××月××日

附：相关证书复印件

4. 书写确保无误

无论是手写或是打印求职信，都要确保准确无误，不要有病句、错别字，连标点符号也不能出错。如果是手写，一般用楷书或行书，不可用草书。要使用钢笔、水笔或毛笔书写，不可用圆珠笔、铅笔书写，不可使用红色墨水。字迹要工整，不可潦草，不可在纸上出现污迹或明显的涂改痕迹。求职信写好后，一定要认真检查，确认准确无误后方可递交给用人单位。这不仅有利于提高自己求职的成功率，也是对用人单位的尊重，同时还是一名优秀员工必备的品质之一。

5. 慎用信封信纸

求职信应使用白色信纸，并用信封装好，使用的信封应是正规的私人函件信封。如果是应届毕业生，可以选用署有本学校校名、校徽的信纸和信封。使用印有其他单位字样的公函信纸、信封，是对对方的不敬，有损自己的印象。

（二）求职面试礼仪

与人初次见面，给人的印象往往最为深刻，得体的仪表、文雅的举止是一个人基本素质的外在体现，能赢得他人的信赖。

案例

某知名公司要招聘一名办公室文员，有30多人前来应聘。入选的竟是一位年纪轻轻的小伙子。人问其故，人事经理说：“他长相普通，但衣着整洁，神清气爽。将打湿的雨伞用塑料袋包好，礼貌敲门，在门垫上蹭掉脚下带的土，进门后随手轻轻关上门。进入办公室时，其他人都从我故意放在地板上的那本书上迈过去，他却很自然地俯身捡起并放到桌子上。当他看到有残疾老人来找我，立即起身搀扶并让座。回答我的问题时简洁明了、干脆果断。他的言行是最优秀的简历。”

点评：

文雅的谈吐、得体的举止是一名好员工的重要品质之一，这已成为许多用人单位的共识。入选的小伙子正是以其良好的个人礼仪修养赢得了这家知名公司的青睐。

讨论：

这位小伙子的成功给了你什么启示？

1. 求职面试的类型

面试是用人单位为加强对求职者的了解而安排的活动。

求职面试有不同的分类方法。

（1）按一次接受面试对象的多少划分

单独面试是求职竞聘中最常见的面试形式，是求职者单独一人面对面试官（通常是一个招聘面试小组）的面试。

集体面试是指多位求职者甚至是所有求职者同时进入面试现场，一起面对面试官接受面试，在规定时间内完成同样的面试问题。这一般是某一岗位面试的求职者较多时，招聘单位为提高工作效率而采取的方法。

常见的集体面试形式有多个面试者就面试官给出的某些问题进行自由讨论；根据特定角色及背景资料进行讨论，然后回答面试官的问题；由多个面试者共同完成某项任务或游戏等。面试官从自由讨论或活动中发现人才或从回答问题中判定求职者的个人素质等。

集体面试中，面试官比较注重面试者以下能力：独立思考问题与解决问题的能力、逻辑思维及表达能力、沟通能力、处理人际关系能力、团队合作能力及组织协调能力。

（2）按面试时所营造的氛围划分

紧张型面试也称压力面试，这类面试官的提问显得毫不留情或缺少应有的礼貌，甚至故意为难面试者。若面试者充满自信、沉着冷静、反应敏捷，就能顺利过关。

宽松型面试则是面试官创造一种轻松、友好的气氛，面试者可能感觉像是在闲聊，面试官会和你谈社会新闻、体育运动、个人爱好、天气情况等，甚至会邀请你共进午餐。在这种面试中，求职者应注意自己的言行举止，要尽量适应并融入其中，但又不能完全松懈，不讲礼仪。

（3）按面试内容划分

一般面试通常是在事先规定的时间、地点进行 15 ~ 30 分钟的简短面谈。问题涉及的多是了解一些基本情况，提一些常规问题。这种面试方法通常招聘的是一般岗位的员工，有时也用于对众多求职者的初步筛选。

情景面试是指在进行一般面试基础上，考查与招聘岗位工作性质、工作职责等有直接关系的能力。情景面试有很强的针对性，如要求面试者马上进入应聘岗位角色，进入工作状态，在面试官给出的情景中现场处理某些工作。

特色面试是指招聘单位根据本单位实际情况或招聘岗位对人才素质的特殊需求而进行的一些各具特色的面试。

2. 面试前的准备

面试是求职者在用人单位的首次亮相，也是自我表现的最好机会，必须高度重视，提前准备，以取得成功。

案例

小佳是应届毕业生，在某知名外企招聘基层管理人员时，从众多面试者中脱颖而出。她的成功秘诀是什么呢？原来，小佳在得知这家外企的招聘信息后，随即上网查找该公司的基本情况，全面了解公司的产品种类、市场份额、竞争对手，并到本市几个大商场调查其产品销售情况。在此基础上，她请教了自己的专业老师，构思了一份该公司产品如何扩展市场、增加市场占有率的建议书。面试时，她落落大方，礼貌而自信地回答了面试官提出的各种问题，不失时机地提出了自己的调查结果和方案，给对方留下了良好印象。

点评：

面试前精心而充分的准备，面试时自信大方、彬彬有礼的言谈举止，是小佳应聘成功的关键所在。

讨论：

你有过实习面试的经历吗？请说说你当时的面试过程和感受。

同学们在面试时要用自己的形象、语言、诚意、真才实学来打动对方，使对方产生兴趣，直到最后决定录用。为此，面试前应该做好五方面的准备。

（1）尽可能了解对方的情况

面试前可通过搜阅企业官网和相关新闻、找熟人亲友了解或进行实地考察等途径了解用人单位情况，如单位性质（国有、集体、个体、外资等）、历史状况、发展前景、业务范围、改革现状、生产规模、职工队伍结构、专业技术人员的结构与职称等情况，工资、福利、待遇情况，有关领导的姓名、职务，以及对方需要什么样的专业人员、岗位条件、招聘意图等。

了解这些情况的目的：一是判断单位有无发展前途，个人在该单位有无发展可能，本人能否胜任工作，单位是否适合自己；二是在面试中使对方感受到你是一位对该单位有兴趣、有诚意、工作认真、有责任感的人。如有时间，还可对该单位的现状与前景进行客观评价，并以积极谦逊的态度提出建议，这样往往会赢得对方认可。但要准备充分、谨慎适度，切忌信口开河、夸夸其谈。

（2）准备好你要告诉对方的内容

内容包括你的来意，你准备求职并能胜任岗位的决心。

（3）准备好随时回答对方可能提出的问题

面试时，为了全面考查你，对方一定会提出许多问题，你必须充分准备，才能有问必答、临场不乱。如“谈谈你自己。”“你了解我们单位吗?”“请谈谈你的理想与目标。”“你学过什么专业？你学的专业与我们单位的工作有何关系?”“你为什么自荐来我单位工作?”“你有什么特长和爱好?”“你有什么优点和缺点?”

小知识

面试经典问题剖析

问题1：“请你自我介绍一下。”

这是面试的必考题。自我介绍的内容要与个人简历一致，表述尽量口语化，要切中要害，不谈无关、无用的内容。要突出积极的个性和做事的能力，条理要清晰，层次要分明。事先最好以文字的形式写好背熟。

问题2：“谈一谈你的一次失败经历。”

回答时不宜说自己没有失败的经历，不宜把明显的成功说成是失败，不宜说出严重影响所应聘工作的失败经历。所谈经历的结果应是失败的，可强调失败前自己曾信心百倍、尽心尽力，失败后自己很快振作起来，以更饱满的热情面对以后的生活。

问题3：“你最大的优点、缺点是什么?”

回答时一定要实事求是，最好有具体事例作为证明。不宜说出明显不利于应聘工作的缺点。如果说自己小心眼、爱忌妒人、非常懒、脾气大、工作效率低，用人单位肯定不会录用你。也不要回答“我最大的缺点是过于追求完美”。

问题4：“我们为什么要录用你?”

最好站在应聘单位的角度来回答，强调自己基本符合条件、对所应聘的工作感兴趣、有足够的信心，如“我符合贵公司的招聘条件，凭我目前掌握的技能、高度的责任感和良好的适应能力及学习能力，我能胜任这份工作。我十分希望能为贵公司服务，希望贵公司能给我机会!”

（4）带齐自荐材料

为言之有物，要随时准备亮出你的证明材料，如推荐信、各种证明材料等。

（5）准备好自己要提的问题

为了加深对对方的了解，以便正确地做出应聘与否的决策，应该选择适当的机会向对方提出一些你想了解的问题。这些想要提的问题在面试前就应该做好准备，可以用心记，也可以用笔记本记。可以提一些关于单位发展前景、岗位培训的问题。如“单位对职工素质有什么要求?”“干好这项工作需要学习掌握哪些方面的知识和技能?”“过去从事这项工作的人容易出现哪些问题?”也可以提一些关系到切身利益的问题，如“工作是否稳定?”“工资收入、福利情况如何?”但提出这类问题要谨慎适度，不要反复提出，应以征求对方意见的形式委婉提出，如“我可以提一个问题吗?”“我想请问一个问题可以吗?”给对方以认真务实而不是计较个人利益的感觉。

3. 面试时的礼仪

面试是用人单位对求职者进行选拔而采取的诸多方式中的一种，也是求职者取得求职成功的关键一步。求职面试时，良好的礼仪可以充分展现出自己的修养及个人素质，使用人单位对你欣赏有加。求职者在面试时，除了要遵循一般的仪表、仪态要求外，还要注意以下几点：

(1) 穿戴得体，整洁大方

服饰打扮一定要与谋求的工作相称，要通过着装表现出你积极进取、踏实肯干、健康活泼的精神面貌。

求职面试服饰的总体要求是简洁、明快、得体、大方。不必追求名牌、高档服装，以平整得体、款式朴素、简练精干为原则。颜色以中性色为主，避免夸张、刺眼的颜色。运动装虽然轻松、随意、舒适，但不适合面试场合。面试时也不适合戴帽子、手套或耳套。

案 例

孙玫到一家企业应聘秘书。面试之前，她对自己进行了精心修饰：身着时下最流行的牛仔套裙，脚蹬一双白色羊皮短靴，身背橘色挎包。为和这身打扮配套，她还化了彩妆。

来到公司，孙玫发现自己在众多应聘者中显得是那么的与众不同，她甚至感到一点得意。正在这时，她碰见了恰好来此处办事的好朋友王丽。“你也来找人吗?”王丽问道。“我是来应聘的。”“应聘? 你的这身打扮更像约人去喝下午茶。”“是吗?”孙玫心里一沉，信心顿减。在后来的面试中，孙玫因为这次的着装乱了阵脚，结果也就不言而喻了。

点评：

衣着在交往中体现的是一个人的职业、身份、地位以及修养等。正确着装，指在不同的场合要穿着适宜的服装，既要符合身份，又要适合场景。

讨论：

孙玫这次应聘的服饰装扮有哪几处是不合适的呢？

（2）遵守时间，不要迟到

参加面试一般要提前 15 分钟到达面试地点。一是表示你的诚意和对对方的尊重；二是提前到场可以稳定情绪，做好准备。

（3）表现自然，举止得体

面试时不要紧张，要表现自然。进门时要主动与面试官打招呼，在对方未坐下或未让你坐下时，不要急于坐下。等让你坐下时，要先说“谢谢”后再坐下。对方没有伸手与你握手，不要主动伸出手。坐下后保持坐姿端正，坐的位置不要离面试官太远或太近。

（4）讲究礼貌，尊重对方

到面试地点时，应先轻声敲门，征得对方同意后再进去。见到面试官后，主动打招呼并进行自我介绍。递材料时，应双手托起，微微欠身，双手递上。回答对方提问时，口齿要清楚，声音适中，答话言简意赅。说话时要专注，认真倾听，与对方有眼神交流。不要打断对方的讲话。

案 例

应届毕业生小钱应聘某公司的岗位，面试中双方谈得非常愉快，快接近尾声时，人力资源主管问他：“对你来说，现在找一份工作是不是不太容易，或者说你很需要这份工作？”小钱说：“那倒不见得。”

点评：

小钱的回答客观上可能是想表现自己的不卑不亢，主观上却流露出了一种傲气，给人力资源主管留下的印象是他的求职态度并不积极。

讨论：

小钱应该怎样得体地回答人力资源主管提出的问题呢？

（5）言简意赅，真诚自信

回答问题应做到：一是要听清楚究竟问的是什么问题，即面试官的真正意图是什么；二是迅速理清思路，组织语言；三是用简明扼要的语言清晰响亮地回答问题，语言还要力求口语化，注意语气、语调、语速和音量，同时要有坦诚的目光交流，有自信、真诚的微笑和自然适度的手势；四是对于面试官的提问要一一作答，如不能回答某一问题，应如实相告："对不起，这件事我不清楚。回去后，我再关注和研究"；五是对面试官谈话的反应要适度，要表现出对所应聘工作持积极争取的态度。如果面试时感觉自己发挥得不够好，要有始有终地完成面试，不要马上表露出失望、沮丧等神情。

(6) 礼貌告退，感谢对方

面试结束时，如果对方当场表态录用你，要向对方表示感谢，并表示今后好好工作，为单位的发展尽心尽力。如果对方没有表态录用你，不要逼着对方表态，应注意礼貌相待，感谢用人单位给予自己面试机会，并且表示期待被录用，这样既保持了与对方的良好关系，又表现出了良好的礼仪修养。如果对方表示不能录用，也不要失态，更不要当场说气话；相反，要表示理解，可询问对方自己的不足之处，在下次面试时改正。

与面试官道别、离开办公室时，应该致谢并起立，将椅子扶正、放回原处，走到刚进门的位置时应再次致谢后出门。经过前台时，要主动与前台工作人员点头致意或说"谢谢您，再见"之类的话。

小知识

职场面试五忌

1. 忌直白无礼

"你们要几个?""你们要不要女的?"这样询问招聘方，显得没有礼貌且给自己打了"折扣"。

2. 忌急问待遇

"你们的待遇怎么样?""你们管吃住吗?"一见面就急着问待遇，会让对方反感。一般在双方已有初步聘用意向时再谈论报酬待遇。

3. 忌不合逻辑

面试官问："请你告诉我你的一次失败的经历。"答："我想不起我曾经失败过。"

或面试官问："你有何优缺点？"答："我可以胜任一切工作。"这样回答不合逻辑。

4. 忌超出范围

例如，面试快要结束时，问："请问你们董事会成员有几位？你们未来5年的发展规划如何？"这样提问是求职者没有摆正自己的位置，有冒犯之嫌。

5. 忌不当反问

例如，面试官问："你的工资期望值是多少？"求职者若反问："你们打算给多少？"这样的反问像在谈判，很不礼貌，很容易引起面试官的反感。

4. 面试后的礼仪

面试之后，将每个面试提问都记录下来，面试成功与否并不是最重要的，最重要的是从面试中总结经验，为下次面试做准备。

参加面试后的两三天内，求职者可以向面试单位发出感谢信，或向有关部门打电话询问。即使在面试时被告知"我们会与你联系的"也没有关系，因为这样做既表示了自己对面试机会的珍惜，又使招聘单位对自己希望获得聘用的愿望有更深的印象，以提醒招聘单位及时做出决定。

感谢信篇幅一般不长，只要表明态度就行。如"感谢贵公司××月××日给予我应聘××岗位的面试机会。我非常喜欢这份工作，希望早日获悉您的最终意见。如果贵公司需要我的其他有关资料，请随时联系我，我将十分乐意为您提供。"感谢信的格式与信件书写要求相同。

如果在面试后两三个星期内未得到面试单位的回复，求职者可以写信或打电话表示自己仍有兴趣去该单位工作。

案例

有的求职者在接到落聘通知后，会给招聘单位写一封感谢信，感谢对方给他们提供笔试、面试机会，使他们获得了求职经验。很多公司会保留落聘者的简历，当他们临时需要人才时，就会从中挑选。那些写有感谢信的人往往会被优先考虑。某杂志社招聘五位记者，有二十多人面试，几个月后，五名被录用者中有两人因为个人原因辞职，杂志社随即联系了两位写了感谢信的落聘者。

点评：

写落聘感谢信，既体现了求职者的礼貌，给用人单位留下良好的印象，也表明了自己仍有到该单位就职的诚意，往往也是在给自己的未来创造机会。

讨论：

假如你去某公司应聘暑期实习岗位落聘了，请向该公司写一封感谢信。

二、职场日常礼仪

如果说求职应聘是推销自我的话，就职上岗就是展示自我能力的开始。步入职场，每个人都希望自己在事业上有所成就，在人际交往中受人欢迎，而这一切都离不开礼仪。

（一）注重个人形象

个人的仪表、举止和谈吐不仅仅代表着个人的形象，同时也代表着自己所在单位的形象。因此，在工作单位里一定要严格要求自己，时时处处注意自己的形象。

1. 严格遵守单位规章制度

进入工作单位后，一定要充分利用新员工入职培训等机会，全面了解单位的各项规章制度和奖罚措施，如上下班打卡时间、工作时间、请假、休假、加班、值班等。了解单位内部的组织机构，各部门的职能、运作方式，管理各项业务工作的负责人姓名及职责，自己所在部门在组织中的功能和位置，企业的晋升机制等，以便尽快进入角色。严格遵守单位各项规章制度，准时上班，切忌迟到早退。上班期间不乱串岗位，不做任何与工作无关的事情。不能公私不分、公物私用。

2. 按单位的规定进行着装

保持良好的自我形象，是树立自信、获得人们好感的关键，这对职场新人尤为重要。员工衣着应当符合企业形象。上班期间必须按规定着装，做到稳重大方、整洁得体。如果单位有统一的工作服，上班时间应按照本单位的要求统一穿工作服。如果单位没有统一的工作服，也要视工作的地点和场合选择着装。有的用人单位对员工的着装要求较高，在办公室上班宜选择较为保守的服装，男士以西装为主，女士着装要美观大方，不要过于夺目和暴露，也不要浓妆艳抹，可化职业淡妆。上班期间把自己打扮得分外妖娆、奇特另类会带来负面影响。男士穿西装要打领带，夏天时注意不要穿拖鞋、短裤、背心，不要赤膊。休闲装、运动装、旅游鞋适合郊游、室外活动，不适合办公环境。

（二）营造整洁舒适的工作环境

工作环境对工作效率有着直接影响。整洁、明亮、舒适的工作环境，会使员工产生积极情绪并充满活力，提高工作效率。

在职场，办公室桌椅及办公设施都需要保持干净、整洁、有序。为使工作更有效率，桌面上只摆放目前正在使用的工作资料。暂时离开座位时，应将文件覆盖起来，关闭计算机文档或使其进入密码保护状态。下班后，文件资料应该收入抽屉或文件柜中。特别要注意的是，最好上班能坚持提前到岗，做一些力所能及的清理工作，表现出主动勤快、吃苦肯干的工作态度，给同事们留下好印象。

（三）营造和谐愉快的人际环境

人际关系和谐的工作场所能为员工营造一个舒适的心理环境，有利于工作的开展和工作效率的提高，有利于员工获得职业的幸福感和成就感。

1. 尊重同事，友好沟通

相互尊重是处理好任何一种人际关系的基础，同事关系也不例外。处理好同事之间的关系，最重要的是尊重对方。即对待同事要一视同仁，宜以平等的姿态与人沟通。上班见面时要主动问候，热情地打招呼，下班回家时要互相道别。不在背后议论同事的隐私。对自己的失误或同事间的误会，应主动道歉或说明。不乱动乱用同事的物品，需要借用应先征询同事意见，经同意后方可借用，用后及时归还道谢。工作中与同事意见不一致时，宜开诚布公，充分沟通，努力寻求合适的解决办法。

案例

小宋今年刚参加工作，年轻的他工作干劲十足，待人也很真诚。对每位同事前辈都很友善，在公司里总是“王姐”“张哥”等亲热地叫着。一天，小宋陪同客户经理参加了公司的客户见面会。小宋忙前跑后，自认为圆满完成了任务，但会后王经理严肃地对小宋提出了批评，指出他在客户面前表现欠妥。小宋疑惑不解，回去询问同事小李。小李指出，在王经理和客户会谈期间，小宋不应该以“王姐”来称呼王经理。小宋听后恍然大悟，原来问题出在了称谓上。

点评：

在正式场合，称谓会成为体现公司文化的窗口。小宋在客户面前称王经理为“王姐”，这种过于生活化的称呼会给对方留下不好印象，即该公司管理松散，不够严肃，进而影响公司形象。

讨论：

如果你是小宋，明白问题所在后你会怎么做呢？

2. 关心同事，互帮互助

与同事相处，应互相关心、互相帮助、团结合作。同事在生活中遇到困难时应主动问询，对力所能及的事应及时帮忙。遇到同事有升职、结婚生子等喜事时应主动表示祝贺。当同事遇到生病住院、亲人去世等时，可适时探望慰问。出差、探亲或旅游回来，可以和同事们分享自己带回的特产。工作中取得了一定的成绩，可以请同事聚餐，分享自己的快乐。这样，会增进双方的感情，使关系更加融洽。

特别要注意的是，在与同事的交往中要保持恰当的距离，对别人的私事不要太好奇。如果同事遇到困难却不想说或有的事情不方便说，切不可勉强或四处打听。在适当的时候保持沉默，也是对别人的尊重与帮忙。同时，也要注意不要去做流言蜚语的传播者，对听到的那些会损害当事人名誉或声誉的传言守口如瓶。这将有益于营造良好的职场人际关系，有助于事业的发展。

案例

小林刚进一家公司，害怕自己不了解公司里的人际关系而“触雷”，想尽办法搜集小道消息。有一次与同事聊天，他兴致勃勃地说：“那天，我听见咱们李经理在电话里和老板吵架，说要离开公司了，好像是因为一笔什么账目不清。”同事警告小林不要乱说，小林没有听从同事的劝告。又一次，小林在办公室里大谈李经理走后公司人事将如何变动，还特别得意地说自己在李经理的桌上发现了辞职信，他的这番话被正好进办公室的老板听到了。没过多久，小林因为他的“大喇叭”被辞退了。

点评：

小林的做法是不尊重他人的表现。偷听别人的谈话，是打探他人隐私；当“大喇叭”，把听来的话广而告之是错上加错；偷看别人的信件，是严重侵犯他人隐私的做法。尊重他人，才能得到他人的真诚相待。

讨论：

在人际交往中，你有没有被“大喇叭”广播过呢？请说说当时的感受。另外，你怎么理解尊重他人就是尊重自己？

3. 虚心请教，坦诚求助

职场新人难免在工作中遇到困难和挫折，这时我们应虚心向同事请教，坦诚求助，不要不懂装懂。当获得同事的帮助时，要真诚地向他们道谢，这样往往会令同事获得助人的快乐。

案例

小万假期里到某加工厂实习，实习的内容是到车间跟老师傅学习加工制作工艺。但小万认为自己在技能比赛中拿过奖，在学校学习的专业理论和操作知识比老师傅更多，在平时的言谈举止中对老师傅表现得很傲气，总认为自己是对的，对老师傅提出的一些加工建议不以为然，并且经常擅自做主改变工作流程。在短短一个月的实习期内，小万换了三个实习指导师傅。

点评：

作为受过专业教育的学生，小万可能的确比工厂的老师傅们多学了一些专业理论和操作知识。但是他忽略了一点，老师傅们从年龄上讲，是他应该尊敬的长辈；从工作经验上讲，也是他应该虚心学习的对象。小万如果继续自以为是，不改掉急于表现自己的这个坏毛病，他在今后的工作中会走很多弯路。

（四）积极主动工作

初入职场必须针对工作需要，尽快熟悉、掌握与工作相关的专业技能，把理论知识转化为专业技能。同时，要顾全大局、乐于奉献、认真负责、注重细节、脚踏实地，努力完成领导交办的任务。

案例

入职仅一年，小柳便被提拔为客户部主管，她平时的表现是这样的：接听电话，她总是主动为对方提供更多信息，尽可能让对方有更多选择。如领导打电话要找李助理，小柳说："她外出还没有回来。"立即又补充："我马上联系她，请她与您联系。"老板说："我找她有急事，部门其他人也行。"小柳便回复说："这里小江、小池和我都在，您需要哪一位？"老板回答："就你吧，你把文件准备好给我，谢谢。"又如，客户来电问："请问王工在吗？"小柳回答："他出去了，请问您有什么事吗？"对方希望公司派出最有经验的王工为其解决产品的故障，但王工被派出去还没有返回。小柳立即说："我们公司还有几位经验丰富的工程师，他们是张工、彭工、陈工。张工的特长是……，彭工的特长是……，陈工的特长是……。"客户听后欣然选择了张工。

点评：

常言道：细节决定成败。职场上哪怕是接电话这样的小事，也能看出不同人职场礼仪、工作态度等方面的差别。小柳之所以能得到提拔，就是因为她在工作上比其他同事更加积极主动、认真负责，从而赢得了领导和客户的赏识和信任，也为自己赢得了升职的机会。

讨论：

你有过假期打工或参加社会实践的经历吗？你是怎样体现自己积极主动的工作态度的？

小知识

职场礼仪大忌

1. 过分注重自我形象

办公桌上摆放化妆品，还不时忙里偷闲地照照镜子、补补妆，这些行为只会给人留下工作不专心的印象。

2. 缺乏公共观念

工作环境里的公共设施都是为了提高工作效率、方便工作而设置的。工作时长时间占用电话、复印机等，都是缺乏公共观念的表现。

3. 零食不离口

工作时吃零食，会给领导、同事留下工作不认真的印象，若被客户看见，则会影响你所在单位的形象。不宜在工作场所用餐，应该到指定场所用餐。

4. 形象不得体

进入工作场所，浓妆艳抹、香气逼人、暴露过多，或衣着不整、品位低俗，都会严重影响个人职场形象。工作时，言行举止应尽量保持得体大方，过多的方言土语、粗俗不雅的词汇都应避免。对待同事应以礼相待，友好相处。

5. 把工作场所当自家居室

在工作场所摆放过多的私人物品是不合适的，会使工作环境过于零乱。

6. 高声喧哗，旁若无人

工作场所是个严肃的地方，工间休息也应该是活泼有度，不应该旁若无人地大声说笑。

7. 随意挪用他人物品

未经许可随意挪用他人物品是极不礼貌的，也会给他人的工作带来不便。

8. 偷听别人讲话

如果和同事交谈中碰到对方有电话，最好暂时回避，除非对方表示不介意。

9. 对同事的客人表现冷漠

当同事有客人来访，应礼貌地打招呼，不能不理不睬，使同事和客人难堪。

三、职场工作礼仪

在工作中，我们与领导、同事、客户等联系工作、洽谈业务时，还需要掌握以下几方面的礼仪：

（一）递接名片

1. 交换名片的时机和次序

交换名片一般宜在与人初识时、自我介绍之后或经他人介绍之后进行。一般职位低的先向职位高的递名片，男性先向女性递名片。当交换名片有两人以上时，应先将名片递给职位较高、年龄较大者；如分不清职位高低和年龄大小，则可按由近及远的方式交换名片。索取他人的名片，可以见机行事，如“以后怎样才能向您请教?”“今后怎么和您保持联系?”若不想给对方名片，措辞应婉转有礼，如“不好意思，我忘了带名片。”“非常抱歉，我的名片用完了。”

2. 递交名片的礼仪

递交名片时，应面带微笑，正视对方，将名片正面朝向对方，恭敬地用双手的拇指和食指分别捏住名片上端的两角送到对方手中。如果是坐着，应起身或欠身递送。递送时可以说“我叫××，这是我的名片”或“请多关照”之类的客气话。

3. 接受名片的礼仪

接受他人名片也应起身或欠身，面带微笑，双手恭敬地接过名片并致谢，接过名片后要仔细看一遍或有意识地读一下名片的内容，确认对方的姓名和职务，以示对对方的重视与尊重。如果遇到难读的姓氏，要请对方指教：“对不起，您的姓氏很少见，

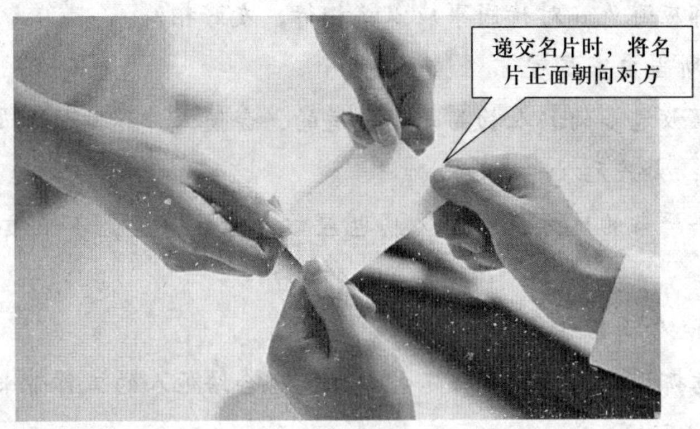

请问怎么读?”随后当着对方的面郑重其事地将他的名片放入自己的名片盒或名片夹中，不可随手放在桌上或装在裤子口袋里。放好后回递自己的名片。

4. 名片的收藏和保管

要认真整理收到的名片，可在名片旁添加备忘录，内容可以是见面的日期、场所、天气、见面目的、谈话的主题以及对方的生日、所在单位、配偶、奇闻趣事等。备忘录一般是在与对方分手后再补记的，如果得知名片信息有变动，还可修订与增补新的内容。

不要把名片当作传单随便散发。不要随意拨弄他人的名片。不要在他人的名片上乱写一些与名片主人特征有关的词。

案例

两家企业经中间人介绍，相聚谈一笔生意，这是一笔双赢的生意。看到合作的美好前景，双方的积极性都很高。李总首先拿出友好的姿态，恭敬地递上了自己的名片。王总单手把名片接过来，一眼没看就放在了茶几上，接着他拿起茶杯，喝了几口，随手又把茶杯压在名片上。李总随口谈了几句话，起身告辞。事后，他郑重地告诉中间人，这笔生意他不做了。王总听到此消息十分恼火，不知对方为何不愿与自己合作。

点评：

王总因接名片这一件小事使李总对双方未来能否愉快合作产生了怀疑，因而不愿与之合作。

讨论：

王总有哪些失礼之处呢?

（二）递交文件资料

应该用双手向他人递上文件或资料，并且使文件或资料的正面对着接物的一方。

课堂活动

两人一组，练习用双手递接签字笔、文件，交换名片。

（三）收发电子邮件

电子邮件是写信的另一种方式。随着无纸化办公的广泛应用，工作中通过电子邮件来传递信息的方式已日益普遍。发电子邮件不仅要遵循一般书信礼仪的基本要求，还应遵循其特殊的规范。

1. 要让对方知道发信者的身份

虽然电子邮件的收信人可以看到信件来自何方，但电子邮箱名称往往与真名并不相同。因此，当发出电子邮件时，不要忘了署上真实姓名或公司、单位名称。当然，如果与对方经常联系、彼此熟悉，省略署名也可以。为了使收邮件人及时收到你所发送的邮件，可以在发送前与对方沟通，发送后立即告知对方，提醒对方及时接收邮件。

2. 不要强加于人

不请自到的信息往往不受欢迎。因此，在发送电子邮件之前，要想到邮件会不会给收信人带来反感，尤其是广告性的信息，少发为佳。淫秽、暴力等非法内容的电子邮件，则坚决不能发。

3. 每天检查新邮件并及时回复

当软件助手提醒你有新邮件时，应及时打开邮箱并尽快回复。

4. 谨慎转发电子邮件

转发邮件前，应考虑这封邮件有没有申明禁止转发，如果有则不能转发。

在工作中，我们除了要和同事建立和谐的人际关系外，也要注意与客户、合作伙伴建立和谐的人际关系，双方在沟通、合作时要互惠互利，善于为对方着想，这样才能赢得对方的信任，实现双赢。

（四）使用社交软件

社交软件快捷方便，工作中常有使用。在工作中应谨慎使用其语音功能。如果不得已需要使用时，则要考虑对方此时是不是方便收听语音消息，最好不要连续发长语音。

案例

某公司一位新入职的员工向领导汇报工作，因为觉得打字慢，于是用微信发了几段长语音。领导当时正在参加会议，要求其将语音转为文字。事后，领导与他强调，以后汇报工作仍可以使用微信，但必须用文字的形式。

点评：

工作中使用社交软件时，发送文字更简洁明了且查看方便，发语音对于发送方来说省时省力，但接收方却需要逐条按、逐条听。这其实是工作懒散敷衍的表现，也是对领导、同事的不尊重，缺乏职业素养，也降低了工作效率。工作中应注意换位思考。

讨论：

如果你是这位员工，你会如何积极应对此事呢？

同学们在即将毕业、走向工作岗位之际，往往既兴奋，又紧张，甚至感到迷茫、不知所措。做好充分的求职准备、掌握一定的职场礼仪有助于我们增强自信，从容应对，获得求职就业的成功。

初涉职场，希望同学们不要太计较薪资，要将眼光放远，抱着学习的心态，树立正确的工作观，继而在职场中脚踏实地、虚心学习、取长补短，只有这样，才能有更光明的未来。

思考与练习

1. 求职者在求职时要准备好哪些书面资料？

2. 求职面试前应做好哪几方面的准备？

3. 阅读以下案例，指出各案例中求职者行为举止的不当之处。

案例一：刘洋把头发染成了黄色，而且还抹了发胶，使头发竖在头顶，可谓非常抢眼、前卫。

案例二：穿短裙的求职者走进模拟应聘现场，大大咧咧地坐了下来，两条腿毫不在意地“保持着距离”，两手则分别撑在椅子的两侧。

案例三：三人一同到某公司应聘，落座后，有的求职者眼睛直直地看着面试官，有的则低下头，眼睛偷偷地向上瞄。

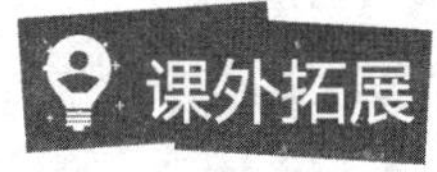

认真的快递小子

有人说："认真工作的人最美丽。"我对此深信不疑。十几年前，我认识的一位快递小子用行动很好地诠释了这句话，他那对待工作极为认真的态度深深打动了我和同事的心，至今令我难以忘怀。

这个快递小子叫丁军辉。那一年，他才20出头，其貌不扬，还戴着厚厚的眼镜，一看就知道刚做这行，竟然穿了西装打着领带，皮鞋也擦得很亮。说话时，脸会微微地红，有些羞涩，不像他的那些同行，穿着休闲装平底鞋，方便楼上楼下地跑，而且个个能说会道……

几乎每天都有一些快递小子敲门，有些是接送快递的物品，但大多是来送名片、宣传业务。现在的快递公司很多，也确实很方便，平常公事私事都离不开他们。所以他们送来的名片，我们都会留下，顺手塞进抽屉里，用的时候随便抽一张，不管张三李四，打个电话，很快就会过来一个穿着球鞋背着大包的男孩子……

那次他是第一次来，也是送名片。只说了几句话，说自己是哪家公司的，然后认真地用双手放下名片就走了，皮鞋踩在楼道的地板上发出清脆的响声。有同事说，这个傻小子，穿皮鞋送快件，也不怕累。

几天后又见到他。接了他名片的同事有信函要发，兴许丁军辉的名片在最上面，就给他打了电话。电话打过去，十几分钟的样子，他便过来了。还是穿了皮鞋，说话还是有些紧张。

单子填完，他慎重地看了好几遍才说了"谢谢"，收费找零钱，谨慎地用双手递过去，好像完成一个很庄重的交接仪式。

因为他的厚眼镜他的西装革履，他的沉默他的谨慎，我下意识地记住了他。隔了几天给家人寄东西，就跟同事要了他的电话。

他很快过来，仔细地把东西收好，带走，没隔几天，又送过几次快件过来。

可能刚做不久的缘故，他确实比其他人要认真许多，要确认签收人的身份，又等着接收后打开，看其中的物品是否有误，然后才走。所以他接送一个快件，花的时间比其他人要多一些，由此推算，他赚的钱不会太多。

转眼到了"五一"，放假前一天快中午的时候，听到楼道传来清晰的脚步声，随后有人敲门。竟然是他——丁军辉。他换了件浅颜色的西装，皮鞋依旧很亮。手里提着一袋红红的橘子，进了门没说话，脸就红了。

"是你啊？"同事说，"有我们的快件吗？"他摇头，把橘子放到茶几上，看起来很不好意思，说："我的第一份业务，是在这里拿到的。我给大家送点水果，谢谢你们照顾我的工作，也祝大家劳动节快乐。”

这是印象中他说得最长的一句话，好像事先演练过，很流畅。

我们都有些不好意思起来，这么长时间，还没有任何有工作关系的人来给我们送礼物呢，而他，只是一个凭自己努力吃饭的快递小子，也只是无意让他接了几次活，实在谈不上谁照顾谁。他却执意把橘子留下来，并很快道别转身就出了门。

应该是街边小摊上的水果，橘子个头都不大，味道还有一点儿酸涩，可是我们谁也没有说一句挑剔的话，半天，有人说道：“这小子，倒笨得挺有人情味的。”

也许因为他的橘子、他的人情味，再有快递的信件和物品，整个办公室的人都会打电话找他。还顺带着把他推荐给了其他部门。

丁军辉朝我们这里跑得明显勤了，有时一天跑了四趟。

这样频繁地接触，大家也慢慢熟悉起来。丁军辉在很热的天气里也要穿着衬衣，大多是白色的，领口扣得很整齐。始终穿皮鞋，从来都不随意。有次同事跟他开玩笑说：“你老穿这么规矩，一点不像送快递的，倒像卖保险的。”

他认真地说：“卖保险都穿那么认真，送快递的怎么就不能？我刚培训时，领导说，去见客户一定要衣衫整洁，这是对对方最起码的尊重，也是对我们职业的尊重。”

同事继续打趣他：“对领导的话你就这么认真听啊？”

“听领导的话当然要认真。”他根本不介意同事是调侃他，依旧这样认真地解释。

我们又笑，他大概是这行里最听话的员工吧？这么简单的工作，他做得比别人辛苦多了，可这样的辛苦，最后能得到什么呢？他好像做得越来越信心百倍，我们的态度却不乐观，觉得他这么笨的人，想发展不太容易。

果然，丁军辉的快递生涯一干就是两年。

两年里他除去换了一副眼镜，衣着和言行基本上没有变化。工作态度依旧认真，从来没听到他有什么抱怨。

那天我打电话让他来取东西。填完单子，丁军辉核对时冷不丁地说：“啊，这个地址是我念书的地方。”他的声音很大，把我吓了一跳。他又说：“我是从这所学校毕业的。”

这次我听明白了，不由抬起头来，有些吃惊地看着他：“你也在那里上过学吗？”

可能那个地址让他有些兴奋，一连串地说：“是啊是啊，我是学财会的，2004 年刚毕业。”

天！这个其貌不扬的快递小子，竟然是个正规学校的中专毕业生。

我忍不住问他：“你有学历也有专业特长，怎么不找其他工作？”

面对这样的询问，他有些不好意思，说：“当时没想到专业适合的工作那么难找，找了几个月才发现实在太难了。我家在农村，挺穷的，家里供我念完书就不错了，哪能再跟他们要钱。正好快递公司招快递员，我就去了，干着干着觉得也挺好的……”

“那你当初学的知识不都浪费了？”我还是替他惋惜。

“不会啊。送快递也需要有好的统筹才会提高效率，比如把客户根据不同的地域、不同的业务类型明细分类，业务多的客户一般送什么，送到哪里，私人的如何送……通常看到客户电话，就知道他的具体位置，大概送什么，需要带多大的箱子……”他嘻嘻地笑：“知识哪有白学的？”

我真对他有些另眼相看了，没想到笨笨的他这么有心，而他的话，也真有着深刻的道理。

转眼又到了“五一”，节前总会有往来的物品，那天给丁军辉打电话让他来取东西，电话是他接的，来的却是另外一个更年轻的男孩。说：“我是快递公司的，丁主管要我来拿东西。”

我愣了一下，转念明白过来，说：“丁军辉当主管了？”

“是啊。”男孩说，“年底就去当分公司的经理了。都宣布了。”

男孩和丁军辉明显不一样，有些自来熟，话很多，不等我们问，就说：“上次公司会议上宣布的，提升的理由好几条呢！他是公司干得最长的快递员，是唯一有学历的快递员，是唯一坚持穿西装的快递员，是唯一建立客户档案的快递员，是唯一没有接到客户投诉的快递员……”

男孩絮絮叨叨说了半天，才把我要发的物件拿走。因为丁军辉的事，那天，我感到由衷的高兴。

当天下午，丁军辉的快递公司送来同城快件，是一箱进口的橙子。虽然没有卡片没有留言，我们都知道是他送的，拆开后每人分了几个放到桌上。

橙子很大，色泽鲜艳，味道甜美。隔着这些漂亮的橙子，我却看到了那些小小的橘子。它们，是那些小橘子开出的花吗？

我终于相信了，认真是有力量的，那种力量，足以让小小的青涩橘子开出花来。

感悟

着装从不随意，西装革履、皮鞋锃亮，穿衬衣领口扣得很整齐；双手递送名片、零钱；慎重填写单子并反复检查；认真签收每一个快件；请客户吃水果表达谢意；建立客户档案，提供贴心服务；不断摸索、积累工作经验以提高工作效率……短短两年多，职场新人丁军辉从一个普通的快递小子成为分公司的经理，使他脱颖而出的正是这一个个极不起眼却又处处体现对客户、对职业尊重的细节。

从这个从不抱怨、低调而不张扬的快递小子身上，我们充分感受到了“认真”二字的巨大力量。丁军辉没有高学历，没有高颜值，但他谨记“伟大在于细节的积累”，有精益求精、一丝不苟的工匠精神，在平凡的工作岗位上努力用心做好每一个细节，不断获得职业的幸福感，实现了自己的人生价值。

一位教育从业者说过：“人的一生是奋斗的一生，但是有的人一生过得很伟大，有的人一生过得很琐碎。如果我们有一个伟大的理想，有一颗善良的心，我们一定能把很多琐碎的日子堆砌起来，变成一个伟大的生命。”

让我们积极行动，把自己每天平凡的日子堆砌成伟大的人生，不断享受到成功的快乐。

◈ 行动

1. 情景再现：课堂上，同学们分角色扮演面试官和求职者，进行求职面试的模拟演练。

2. 根据自己所学专业的特点，按照求职信的书写礼仪要求，写一封求职信。

3. 小组讨论，分析下列案例：

小艳应聘进入了一家广告设计公司，人事经理带她熟悉周围环境，并将她介绍给部门的同事们认识。她非常恭敬地称对方为老师，大多同事都欣然地接受了。

当领导把她带到一位同事李梅面前，并告诉小艳，以后就跟着李梅学习，有什么不懂的就请教她时，小艳更加恭敬地称李梅为“李老师”，李梅连忙摇头说：“大家都是同事，别那么客气，直接叫我名字就行了。”

小艳仔细想想，觉得叫老师显得太生疏了，但是直接叫名字又觉得不尊敬，不知道怎么称呼对方比较合理。

职场新人小艳初次与同事们见面，她对大家的称呼得体吗？她应该怎样称呼李梅呢？

4. 以小组为单位，上台进行“求职面试自我介绍”比赛，限时一分钟。求职面试自我介绍比赛评分表如下：

姓名	着装得体 仪表大方 （2分）	步姿稳健 站姿端正 （2分）	声音响亮 语言流畅 （2分）	言简意赅 条理清晰 （2分）	表情生动 手势恰当 （2分）	得分 （10分）

5. 寻找你身边的“职场达人”，请他们谈谈自己的工作成长经历、工作经验和职场感悟，撰写一篇1 000字左右的采访稿，并配以相关照片，佳作打印张贴于班级园地并上传至班级群。